KB201482

공중보건기관과 돌봄

한뼘문고

06

공중보건 기관과 돌봄

정백근 지음
돌봄과미래 기획

건강
미디어
협동조합

정백근 지음
예방의학 전문의, 경상국립대학교 의과대학 교수. 공공보건의료 강화, 지역
의료와 건강불평등을 주제로 연구자와 실천가로 살아가려 애쓰는 중. 현재
사단법인 시민건강연구소, 좋은 공공병원 만들기 운동본부, 경상남도 공공
보건의료지원단에서 활동중

돌봄과미래 기획
아프다고, 늙었다고, 장애를 가졌다고 병원이나 시설에 가지 않아도 되는
삶, 스스로 인간다운 생을 이어가는 삶, 가족이 돌봄 부담을 떠안지 않는 삶
을 만들기 위해 설립된 비영리공익법인이자 사회운동단체임

여러분의 참여로 이 책이 태어납니다.
씨앗과 햇살이 되어주신 분들, 참 고맙습니다.

김미희 김용익 김유라 김은지 김정우 김정은 김준회 김찬기 김태현 문현아 박왕용
박유경 박주석 박혜경 백재중 서경선 심재식 우석균 윤주영 이석호 이희영 전광희
정우호 조경애 조원경 채윤태 최규진 최용준   (28명)

추천사

이요한 _고려대학교 의과대학 교수

우리는 지금, 한국 사회가 직면한 가장 절박한 과제들에 둘러싸였습니다. 저자가 지적했듯이, 급격한 인구 고령화와 지역 소멸, 지역 간 의료격차, 그리고 의료와 돌봄의 분리는 현재 우리나라 건강돌봄 체계의 민낯을 여실히 드러냅니다. 이 현실은 단순히 구조적인 문제를 넘어, 우리가 그동안 서로를 어떻게 돌보아 왔으며 또 앞으로 어떻게 돌볼 것인지에 대해 근본적인 질문을 던집니다.

이 절박한 상황 속에서 이 책『공중보건기관과 돌봄』은 공중보건기관의 새로운 역할과 가능성을 제안합니다. 무엇보다 공중보건기관이 단순히 질병을 치료하고 예방하는 곳 정도가 아니라, 지역 주민들의 삶을 어루만지는 '돌봄의 기관'으로 변화해야 한다고 얘기합니다.

나아가, 공동체 전체의 노력을 통해 우리가 어떻게 더 존엄하게 한 사람 한 사람을 돌볼지에 대한 구체적인 방안을 제시합니다. 이제 곧 새로운 '돌봄법'이 시행될 것입니다. 다 함께 만들어가야 할 미래가 참으로 만만치 않습니다.

공중보건과 돌봄이 지역사회 안에서 단단히 연결되도록 우리 모두의 지혜와 참여가 절실한 시점입니다. 저는 이 책이 이러한 우리 모두의 노력에 매우 유익한 길잡이가 될 것이라 기대하며 여러분께 적극 권하여 드립니다.

차 례

1장

공중보건기관이
제공하는 돌봄 개념

1. 돌봄 기관으로서 공중보건기관의 위상과 역할

공중보건이란 영어의 Public Health를 번역한 것으로 1920년 윈슬로우(C.-E.A. Winslow)는 이를 '질병 예방, 수명 연장, 신체적 정신적 건강과 효율을 증진하는 과학과 기술'이라고 정의하였다.

그는 환경위생, 감염병 관리, 개인위생 원칙에 관한 보건교육, 질병의 조기진단과 예방적 치료를 위한 의료 및 간호 서비스의 조직화, 그리고 모든 사람이 건강 유지에 적합한 생활수준을 보장하는 사회제도의 개발을 위한 조직된 공동체의 노력을 강조하였다.(대한예방의학회, 2021)

공중보건이 공동체의 노력이라는 측면에서 이는 기본적으로 상호관계성과 실천을 전제하는 상호적인 사회적 행위의 성격을 띤다. 이는 돌봄이 가지는 상호관계성과 연결되는 것으로서 공중보건과 돌봄 모두 다른 사람을 자신의 존재 기반으로 하면서 공존하는 사회를 만드는 공공성의 행위 주체를 전제한다.

또한 2014년에 출판된 역학 사전(『A Dictionary of Epidemiology』)에도 공중보건을 '사람들의 건강을 보호하고 증진하고 회복하기 위한 사회의 조직화된 노력 중 하나', '집합적 또는 사회적 행동을 통해 모든 사람의 건강을 유지하고 개선하는 것을 목표로 하는 과학, 기술, 신념의 조합'이라고 정의함으로써 이런 내용을 뒷받침한다.

공공성의 행위 주체는 공동체 구성원들의 존재 방식과 연관된 것으로 이는 필연적으로 참여, 협력, 연대라는 실천을 필요로 한다. 이런 맥락에서 공중보건 역시 참여, 협력, 연대가 중요한 규범이 되므로 공중보건 정의에서 강조된 '조직된 공동체의 노력', '사회의 조직화된 노력', '집합적 또는 사회적 행동'은 이에 대한 구체적 표현이다.

공중보건이 건강을 위한 것이라는 점에서 공중보건은 보건의료에 국한하지 않는 다양한 건강 결정 요인을 고려하게 된다. 또한 건강에 영향을 미치는 요인과 관련이 있는 제도의 개혁과 개인, 조직, 관련 기관의 참여와 협력, 연대가 필수이다.

이런 맥락에서 공중보건 관련 기관은 건강 결정 요인의 수만큼 다양하다.([그림 1]) 이 중 공중보건을 존재의 기반으로 삼는

[그림 1] 건강의 주요 결정 요인

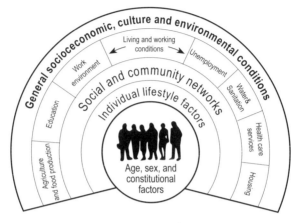

출처 : Dahlgren, G., Whitehead, M., 1991

기관을 공중보건기관이라 한다.

공중보건기관은 그 주요 기능이 공중보건 서비스를 제공하는 조직으로서 주로 정부 부처 또는 정부 위원회의 관리를 받거나 이들 기관과 계약상 책임을 지는 기관 또는 국가나 지방자치단체가 직접 설립한 행정기관을 의미한다.

이상과 같이 공중보건기관은 정부 기관이거나 정부의 권한을 위임받은 기관인 경우가 많다. 이에는 몇 가지 이유가 있다.

첫째, 공중보건 서비스는 대부분 수익성이 나지 않지만 많은 자원이 투입돼야 한다. 공중보건은 기본적으로 집단을 대상으로 하므로 서비스 제공의 결과가 사회에 광범위한 영향력을 미

처야 한다. 자원 투입 대비 수익률이 낮은 영역에 민간이 참여하기는 힘들다.

둘째, 건강 결정 요인 중에는 사회구조에서 비롯되는 근원적 요인들이 많다. 이런 요인들을 변화시키는 정책적, 제도적 접근은 정부의 역할에 해당한다.

셋째, 보건의료 영역은 여러 이해관계자가 참여하는 영역으로 공중보건 서비스의 제공이 이해관계자들의 갈등을 유발하기도 한다. 이해관계자들의 갈등을 조정하면서 공중보건의 목표를 달성하기 위해서는 정부의 역할이 중요하다.

이런 맥락은 우리나라에서도 동일하게 적용된다. 우리나라의 공중보건 체계는 중앙정부 차원의 보건복지부와 질병관리청, 광역지자체 단위의 공중보건당국, 기초지자체 단위의 보건소, 보건의료원, 보건지소, 건강생활지원센터, 보건진료소로 구성되어 있는데 이들 기관은 모두 정부조직이다.(임준, 2017)

또한 우리나라는 공중보건기관이 구체적으로 어디인가를 명확하게 규정하는 법은 없으나 「농어촌 등 보건의료를 위한 특별조치법」에서는 '공중보건업무'란 '동법 제5조의 2 제1항 각호에 따른 기관 또는 시설에서 수행하는 보건의료 업무를 말한다'라고 규정한다.

이때 '동법 제5조의 2 제1항 각호에 따른 기관 또는 시설'은 보건소, 보건지소, 공공병원, 공공보건의료 연구기관, 공중보건

사업의 위탁사업을 수행하는 기관 또는 단체, 보건의료정책을
수행할 때에 공중보건의사의 배치가 필요한 기관 또는 시설로
대통령령으로 정하는 기관과 시설을 말하는 바, 이들 기관 또
는 시설 역시 정부조직이거나 정부와 연관성이 있는 공공부문
에 속하는 기관 또는 시설을 지칭한다.

  공중보건기관이 제공하는 공중보건 서비스는 매우 다양하
다. 1988년 미국 의학연구소(Institute of Medicine, IOM)는 공중보
건의 핵심기능으로 건강 수준 평가(Assessment), 정책개발(Policy
Development), 서비스 제공 보장(Assurance)의 3가지를 제시하
였다. 1994년 미국 공중보건국(US Public Health Service)은 10가
지 필수적인 공중보건 서비스를 제안하였고 2020년 미국 국
립 공중보건 혁신센터(Public Health National Center for Innovations,
PHNCI)와 드보몽재단(De Beaumont Foundation)은 이를 개정하였
다.([그림 2])

  2020년에 개정된 10가지 공중보건 핵심 기능을 정리하면 다
음과 같다.

  • 인구집단의 건강 상태와 건강에 영향을 미치는 요인, 지역
    사회 필요와 자산을 평가하고 모니터링한다.
  • 인구집단에 영향을 미치는 보건 문제와 건강위험을 조사,
    진단, 해결한다.

[그림 2] 필수 공중보건 서비스

출처 : https://debeaumont.org/10-essential-services

- 건강, 건강에 영향을 미치는 요인, 건강을 향상시키는 방법
  에 대한 정보를 제공하고 교육하기 위하여 효과적으로 소
  통한다.
- 건강 향상을 위하여 공동체와 파트너들을 강화, 지지, 동원
  한다.
- 건강에 영향을 미치는 정책, 계획, 법률을 만들고, 이를 옹

호하고 구현한다.

- 사람들의 건강을 향상, 보호하기 위하여 법적, 규제적 조치를 취한다.
- 건강을 유지하는 데 필요한 서비스에 대한 공평한 접근을 보장하는 효과적인 시스템을 운영한다.
- 다양하고 숙련된 공중보건 인력을 지원한다.
- 지속적인 평가, 연구, 질 향상을 통해 공중보건의 기능을 개선하고 혁신한다.
- 공중보건을 위한 강력한 조직 기반을 구축하고 유지한다.

특히 10가지 필수 공중보건 핵심 기능은 형평성을 강조하는데 모든 사람이 최적의 건강을 향유할 수 있는 정책, 체계 및 전반적인 환경을 적극적으로 장려한다. 또한 건강불평등을 초래한 체계적이고 구조적인 장벽, 예를 들면, 빈곤과 다양한 차별 및 억압 등을 제거해야 할 필요성을 강조한다.

세계보건기구(WHO)의 건강의 사회적 결정 요인에 대한 활동과 관련된 개념 틀(Conceptual Framework)에서는 거버넌스, 문화 및 사회적 가치, 다양한 정책들에 의해서 형성되는 사회적, 경제적, 정치적 맥락의 결과인 사회경제적 지위가 특정 건강 결정 요인을 결정함을 보여준다.

이 틀에서는 개인의 사회경제적 지위와 이를 유발하는 사회경제적, 정치적 맥락을 건강의 구조적 결정 요인(Structural Determinants)으로, 사회경제적 지위에 따른 특정 건강 결정 요인을 중간 단계의 건강 결정 요인(Intermediary Determinants)으로 정의하였다. 이 중간 단계의 결정 요인은 물질적 환경, 심리사회적 환경, 행태적, 생물학적 요인, 보건의료체계로 구분되는데, 건강의 구조적 결정 요인은 중간 단계의 건강 결정 요인을 통하여 건강과 건강불평등을 결정한다. 이런 맥락에서 이 틀은 공중보건이 개입해야 할 영역을 체계적으로 보여준다.

세계보건기구는 건강의 사회적 결정 요인에 대한 개입을 통하여 건강 형평성을 강화하기 위한 정책 방향을 세 가지로 제

[그림 3] 건강의 사회적 결정 요인에 대한 조치를 위한 개념틀

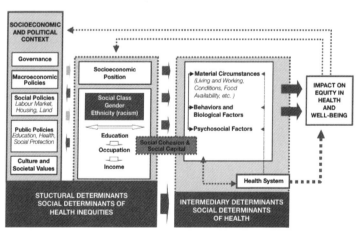

출처 : WHO, 2010

시하였다.(WHO, 2010)

첫 번째는 건강의 구조적 결정 요인과 중간 단계의 결정 요인에 대한 맥락 특이적 전략(Context-specific Strategies)이었는데 이는 사회경제적 불평등을 완화하는 정책을 의미한다. 두 번째는 부문 간 활동(Intersectoral Action)인데 이는 건강을 위하고 건강불평등을 줄이기 위해서는 건강 결정 요인과 관련성 있는 다양한 부문 간의 연계와 협력이 중요하다는 의미이다. 세 번째는 참여와 권한 강화(Social Participation and Empowerment)로서 건강과 건강불평등 문제를 줄이기 위해서는 정책 과정에서의 광범위한 시민사회 참여를 통한 시민들의 주체화가 필요하다는 것이다. 특히 권력 강화는 소외되고 억압받는 힘없는 공동체들이 그들의 삶에 영향을 미치는 정치적, 경제적 과정에 대한 효과적인 통제력을 획득하는 것과 관련이 있다.

세계보건기구는 참여와 권한 강화에서 지방정부의 역할을 특히 강조하였는데 지방정부는 주민 참여의 공간을 창출하고 이들의 권한이 강화될 수 있는 구조를 만들어야 한다는 점을 강조하였다.

이상과 같이 세계보건기구가 제시한 건강 형평성 제고를 위한 정책 방향은 공중보건의 핵심 기능과 정확히 일치하고 있다. 특히 공중보건의 중요한 가치인 형평성, 참여, 연대, 협력이 강조되고 있다는 점에서 건강 형평성 제고를 위한 정책 방향은 공중보건의 지향점과 밀접하게 연관되어 있다.

공중보건기관은 형평성이라는 가치를 중심에 두고 참여, 연대, 협력에 기반한 조직화된 활동을 통해 모든 사람의 건강을 돌보는 기관이다. 영어로 Health Care는 흔히들 보건의료로 번역되지만 이는 말 그대로 건강(Health)을 돌본다(Care)는 의미로 보건의료는 건강을 돌보는 것이다.

2. 공중보건기관 돌봄의 개념

공중보건기관의 돌봄은 건강의 돌봄이지만 여기에는 필연적으로 건강 관련 사회적 요구(Health-related Social Needs)의 해결이 포함된다. 건강 관련 사회적 요구는 개인이 경험하는 사회경제적 필요로서 이는 개인의 건강과 안녕을 유지하는 능력에 영향을 미친다. 여기에 포함되는 것은 주거의 안정성 및 질, 식품 안정성, 고용, 안전, 교통, 편의시설 등이다.

반면 건강의 사회적 결정 요인은 사람들이 태어나고 자라며 일하고 살고 나이를 먹는 조건 또는 환경으로서 돈, 권력, 자원의 배분의 결과이다.

건강 관련 사회적 요구는 건강의 사회적 결정 요인의 결과로 이해할 수 있으며 좀 더 구체적으로 이야기하면 건강의 사회적 결정 요인의 영향을 받은 개인적 차원의 경험이다. 공중보건은 기본적으로 사람들이 처한 조건 및 환경, 그리고 이를 유발하는 근원적 요인들에 대한 대처를 포함하지만 공중보건기관이 이 모든 것을 다 하기는 어렵다. 하지만 공중보건기관은 지역주민들이 공통적으로 또는 개인적으로 직면하고 있는 환경 및 조건들에 대한 파악, 필요한 지역사회 서비스 연계, 지역사회 조직 및 단체들과의 협력, 다양한 창의적 개입 방안 제안을 통하여 건강 관련 사회적 요구에 대처할 수 있다.

공중보건기관의 건강 돌봄은 필연적으로 건강 관련 사회적 요구에 대한 충족을 전제로 해야 하며 이는 각각의 건강 관련 사회적 요구의 해결과 관련된 서비스 및 기관, 조직, 단체와의 연계를 통해서만 가능하다.

건강 관련 사회적 요구는 매우 다양한데 「사회보장기본법」에서 정의하는 사회서비스 분야는 건강 관련 사회적 요구와 거의 일치한다. 또한 이는 앞에서 제시했던 달그렌과 화이트헤드의 건강 결정 요인과도 매우 흡사하다.([그림 4])

우리나라의 「사회보장기본법」 제3조에서는 사회서비스를 국가, 지방자치단체 및 민간부문의 도움이 필요한 모든 국민에게 복지, 보건의료, 교육, 고용, 주거, 문화, 환경 등의 분야에서 인간다운 생활을 보장하고 상담, 재활, 돌봄, 정보의 제공, 관련 시설의 이용, 역량 개발, 사회참여 지원 등을 통해 국민 삶의 질

[그림 4] 건강 관련 사회적 요구와 사회보장기본법상의 사회서비스 분야와의 관계

출처 : 오레곤 주 정부의 건강 관련 사회적 요구 및 건강의 사회적 결정 요인 설명자료(www.oregon.gov, 2023년 12월 1일 접속), 사회서비스 전자바우처 홈페이지의 사회서비스 설명자료(2023년 12월 3일 접속)

이 향상되도록 지원하는 제도로 정의한다.

특히 여기서는 보건의료까지도 사회서비스로 규정한다는 점에서 「사회보장기본법」 상의 사회서비스는 건강과 건강 관련 사회적 요구를 모두 포괄하는 것으로 해석 가능하다. 그러나 「사회보장기본법」의 사회서비스는 사회보험, 공공부조와 함께 사회보장에 속한다는 맥락에서 공중보건기관의 돌봄은 사회보

장과의 연계를 통해서 건강을 돌보는 것이다.

이를 반영하듯 공중보건 영역에서는 공중보건의 개념에서도 언급되었듯이 사회보장 영역을 포함한 다부문적 접근방식을 추구해 왔다. 특히 지역주민의 건강증진을 위하여 제정된 「지역보건법」은 이러한 접근방식과 관련된 주요 내용들을 포함한다.

동법 제1조에서는 법의 목적에 대해 기술하는데 이 법이 기초지자체 단위의 공중보건기관에 해당하는 지역보건의료기관(보건소, 보건의료원, 보건지소, 건강생활지원센터)이 지역보건의료 서비스를 제공하는 보건의료 관련 기관과 단체(의료기관, 약국, 보건의료인 단체 등)와의 연계, 협력을 통하여 지역보건의료기관의 기능을 효과적으로 수행하는데 필요한 사항을 규정하는 것을 목적으로 한다는 점을 분명히 하였다.

또한 시도지사 또는 시장, 군수, 구청장은 「지역보건법」에 근거하여 지역보건의료계획을 4년마다 수립해야 하는데 동법 제7조 제5항에서는 '지역보건의료계획은 사회보장 기본계획, 지역사회보장계획, 국민건강증진종합계획과 연계되도록 하여야 한다'고 규정하였다. 이 중 사회보장 기본계획과 지역사회 보장계획의 핵심 내용은 사회보장정책, 제도, 사회보장급여와 관련된 것이라 할 때 해당 규정은 공중보건이 사회구성원들의 건강을 돌보는 과정에서 사회보장과의 연계가 중요하다는 점을 명시한 것으로 보인다.

사회보장이 기본적으로 추구하는 것이 모든 사회구성원의 '행복하고 인간다운 생활'과 관련이 있다고 할 때 공중보건이 사회보장과 연계하면서 건강을 돌볼 때 얻는 몇 가지 편익들이 있다.

　첫째, 건강의 사회적 불평등이 완화될 가능성이 크다. 앞에서도 언급하였듯이 사회보장의 관련 영역은 건강의 사회적 결정 요인, 건강 관련 사회적 요구와 관련성이 높다는 점에서 공중보건이 사회보장과 연계하여 건강을 돌보는 경우 건강의 사회적 불평등이 상대적으로 완화될 가능성이 높다. 사회보장이 사회적 위험을 유발하는 구조적 요인에 대하여 얼마나 직접적으로 개입하여 이를 변화시키는가에 따라 건강의 사회적 불평등의 완화 정도는 차이가 생긴다.

　둘째, 의료비 통제의 가능성이 크다. 우리나라의 의료비는 계속 증가하였다. 우리나라의 국내총생산(GDP) 대비 경상의료비는 2016년 6.9%에서 2021년에 9.3%로 증가하였다.(보건복지부, 한국보건사회연구원, 2023) 2021년 현재 국내총생산 대비 경상의료비 경제협력개발기구(OECD) 평균은 9.7%였는데 의료비 증가 추세를 볼 때 조만간 경제협력개발기구 평균을 넘어설 것으로 보인다.

　의료비의 지속적 증가에는 여러 가지 요인들이 관여하지만 이를 통제하는 가장 효과적인 방안은 의료 이용을 줄이는 것이다. 의료 이용을 줄이는 방법에도 여러 가지가 있지만 그중에서도 질병의 발생 및 악화를 예방하는 것이 가장 효과가 크다. 소득, 교육, 노동과 고용, 주거, 물리적 환경 등 건강의 사회적 결정 요인에 대한 개입, 건강 관련 사회적 요구의 해결은 질병의 발생 및 악화에 대한 효과적인 예방법이며 이는 계속 증가하는 의료비 문제를 해결하는 데 도움이 된다. 물론 이러한 접근은 개인과 가계의 의료비 부담을 줄이는 방법이기도 하다.

　셋째, 사람 중심 접근법을 구현한다.(김창엽 외, 2020) 공중보건은 사람들이 겪는 건강 문제를 해결하는 데 도움이 되어야 한다. 건강 문제의 해결은 건강 자체를 돌보는 것에 그치는 것이 아니라 문제의 원인과 관련 문제의 검토 및 해결을 포함하는 것이어야 한다. 그중에서도 가난한 사람, 노인, 장애인 등과 같이 복합적인 욕구를 가진 경우는 문제를 총체적으로 해결하기 위한 접근법이 필요하다. 공중보건과 사회보장의 효과적 연계는 복합적인 욕구를 가진 환자들의 문제를 효과적으로 해결할 가능성이 크다.

2장

돌봄 영역에서
공중보건의
전개 과정과 의의

1. 공중보건을 둘러싼 환경 변화

1) 인구 고령화

우리나라는 2000년 고령화사회로 진입한 이후 불과 17년 만인 2017년에 고령사회로 진입하였다. 2025년에는 노인 인구가 전체 인구의 20%를 초과하는 초고령사회가 될 것이다. 그야말로 급격한 고령화를 겪는 중이다.(통계청, 2023)

인구 고령화는 전국 현상이지만 그 수준은 지역마다 다르며 비수도권, 비광역시 군 지역이 가장 심하며 비수도권, 비광역시 시 지역, 비수도권 광역시, 수도권 순으로 단계적으로 진행되는 양상을 보인다.

인구 고령화는 의료 수요의 증가와 연결되는데 2022년 전체 건강보험 급여비 102조 4,277억 원의 43.1%인 44조 1,187억 원이 65세 이상 노인 진료비였다.(건강보험심사평가원, 국민건강보험공

단, 2023)

노인 진료비의 급증과 함께 문제가 되는 것은 지역 간 의료 격차이다. 일차의료 취약지로 분류된 172개 읍면동 중 106개 읍면동은 비수도권, 비광역시 군 지역이었다.

또한 이차의료 취약지는 모두 군 지역이었고 이 중 45개 군 지역은 일차의료 취약지인 읍면동을 동시에 포함한다. 이차의료 취약지인 57개 군 지역은 모두 초고령화 지역이다. 2020년 당시 노인 인구 비율이 30%를 초과하는 52개 시군 중 39개 시군이 이차의료 취약지에 해당하는 군 지역이었다.

정부는 필수의료 이용 및 건강의 지역 격차를 없애기 위해서 2018년 '공공보건의료발전 종합대책', 2019년 '믿고 이용할 수 있는 지역의료 강화대책', 2020년 '공공의료체계 강화방안'을 잇달아 발표하면서 전국을 17개 권역과 70개 중진료권으로 나누고 주요 정책 수단인 책임의료기관을 지정, 육성하는 작업을 진행 중이다.

그러나 70개 중진료권 중심점과 지역거점 공공병원 및 포괄 이차 의료기관에 60분 이내 접근이 불가능한 취약 인구가 30% 이상인 시군은 총 56개였으며 이중 이차의료 취약지에 속하는 군 지역은 46개였다.(이태호 외, 2020)

뿐만 아니라 정부의 계획은 시도와 중진료권을 중심에 두고 있을 뿐 기초지자체 단위는 구체적으로 고려하지 못했다. 그러므로 필수의료 이용의 지역 간 불평등을 해결하기 위한 정부의 대책이 원활하게 추진되어도 의료 취약 지역 주민들의 필수의료 이용의 문제는 근본적으로 해결하기 어렵다. 특히 노인들의 경우에는 일상활동을 독립적으로 수행하기 어렵고 이동이 자유롭지 못한 사람들의 비율이 높아 필수의료 이용이 더욱 어려울 것이다. 이런 이유로 보건의료와 돌봄은 지역 정치에서 중요한 쟁점이 되었다.

2) 지역 위축

'지역'이라는 단어는 국가나 중앙정부의 하부체계와 같이 모든 시도 및 시군구에 동일하게 적용되는 개념이 아니라 '소멸', '취약성'과 함께 언급되는 비수도권, 특히 중소도시와 농촌을 지칭하는 개념으로 활용된다. 이런 개념 전환을 초래한 사회경제적 환경의 변화는 자체로 공중보건의 중요한 조건으로 기능한다.

지역 간 불균등 발전에 근거한 한국의 자본주의 발전 과정은 지역의 노동력이 자본 축적 전략의 근거지로 유출되는 과정이었다. 이런 불균등 발전은 결과적으로 전체 인구의 절반 이상이 수도권으로 집중하게 하였고 향후 30년 안에 기초지자체의 46.1%가 사라질 것이라는 전망까지 나온다.

2014년 79곳이었던 소멸위험 지역은 2020년 105곳으로 증가하더니 2023년 9월 기준으로는 전국 229개 기초지자체의 53.3%에 해당하는 122곳이 소멸위험 지역에 포함되었다. 이 중 수도권에 해당하는 지역은 경기도의 6개 시군뿐이며 나머지 116곳은 비수도권 지역이다. 이 중에서 광역시 지역을 제외하면 103곳으로서 소멸위험은 수도권과 대도시를 제외한 지역의 문제다.(이상호, 이나경, 2023)

소멸위험 지역은 전반적인 정주 여건이 취약하며 기존 시장은 지속적으로 붕괴되고 새로운 시장이 형성될 가능성은 점점 작아진다. 보건의료체계가 전체 체계를 구성하는 하나의 하위체계라고 할 때 또 다른 하위체계들인 교육체계, 교통체계, 고용체계, 문화체계 등은 보건의료체계에 영향을 미치며 보건의료체계 역시 다른 하위체계들에 영향을 미친다. 이런 하위체계들의 전반적인 낙후가 결국은 지역의 소멸위험을 높이게 되는데 이때 지역의 의료취약성도 높아진다.

전반적으로 시장이 무너지는 상황에서 특히 농촌 지역의 의료취약성이 이윤추구 민간부문에 의해서 해결될 가능성은 거의 없다. 이런 상황에서 농촌 지역을 중심으로 하는 비수도권, 비광역시 지역의료 취약성의 해결과 관련된 정부의 역할이 그 어느 때보다 강조되는 동시에 공중보건의 역할 역시 새롭게 조명할 필요가 커진다. 또한 시장이 물러난 자리를 메꾸기 위한 지역공동체와 지방정부 간 협력의 필요성 역시 높아진다.

3) 지역 간 건강 및 의료 이용의 격차 심화

인구 고령화와 지역의 위축을 심화시키는 사회경제적 환경 및 권력 관계, 이윤추구 민간부문이 주도하는 보건의료체계는 지역 간 건강 및 의료 이용의 격차를 심화시킨다.

2016년 발표한 제1차 공공보건의료 기본계획에서는 2016년 3월 현재 37개였던 분만취약지는 분만 산부인과 설치 및 운영 지원을 통하여 2020년에는 전부 해소될 것이라고 내다봤다. 그러나 37개 시군 중 2021년에도 여전히 분만취약지인 곳은 27개 시군이며 오히려 3개 군 지역이 새롭게 추가되었다.

2020년 12월, 분만 가능한 의료기관 60분 내 접근 비율은 30% 미만이다. 60분 내 접근이 불가능한 가임여성 비율이 30% 이상인 A등급 분만취약지는 30개소나 되었다. 분야별 의료취약지 지원의 정책 효과는 여전히 증명되지 않았으며 오히려 지속적으로 새로운 취약지가 발생하였다.

사회를 구성하는 다양한 하위체계들은 사회경제적, 정치적 맥락의 영향을 받는다. 한국을 지배하는 다양한 사회경제적, 정치적 맥락 중 수도권 집중은 가장 핵심적인 맥락이며 이는 보건의료뿐 아니라 한국 사회 대부분 하위체계에 영향을 미치면서 비수도권을 위축시킨다.

한국 보건의료체계의 사적 성격 또한 지역 간 의료 이용의 불평등과 의료 취약 지역의 중요한 요인으로 작용한다. 수도권 집중이라는 사회경제적, 정치적 맥락이 지역 간 의료 이용의 불평등을 야기한다. 보건의료체계에 대한 정부의 개입이 가능하지만 전체 의료기관의 95%가 넘는 민간의료기관은 정부의 직접적 정책 수단이 아니어서 한계가 있다. 의료 취약지 가산 수가 등 건강보험을 통한 유인책도 정부가 주로 활용하는 방법이나 수요 자체가 계속 감소하는 상황에서는 정책 효과를 기대하기 힘들다.

향후 지역의 의료취약성을 더욱 심화시키는 위험 요소들이 증가 추세다. 2021년 말 현재 우리나라의 상급종합병원을 포함한 종합병원의 인구 천 명당 병상 수는 3.0병상인데 수도권은 2.7병상, 비수도권은 3.4병상이었다. 이같이 현재 수도권의 인구 천 명당 종합병원급 이상 급성기 병상 수는 비수도권보다 적다. 병원급 이상 의료기관에 근무하는 전체 의사 및 간호사의 절반 이상이 수도권에 배치되어 있는 상황에서 지금 같이 수도권 인구 증가와 비수도권 인구 감소가 진행된다면 수도권 병상 수는 더욱 증가해야 하는 상황이다. 앞으로 비수도권은 병상의 초과 공급으로 지역의료기관의 폐업 또는 이동 가능성이 커진다.

더욱이 2028년까지 수도권에 6,000병상 증설이 예상되는데 이에 따라 의사 2,500여 명, 간호사 12,000여 명이 수도권으로 이동할 가능성이 있다. 비수도권 보건의료체계는 지금보다 더 위축되고 지역 간 의료 이용의 불평등 역시 더욱 심화될 가능성이 크다.

지역 간 의료 이용의 불평등은 지역 간 건강의 불평등과 연관성이 높다. 2010년부터 2020년까지 서울은 매해 성·연령별 표준화 사망률이 전국에서 가장 낮다. 같은 기간 매해 전국 사망률보다 성·연령별 표준화 사망률이 낮은 지역은 서울과 경기도뿐이다. 이같이 수도권과 비수도권 간 건강 격차는 일시적인 현상이 아니라 구조적 현상이다.

그러나 건강의 불평등은 의료 이용의 불평등뿐만이 아니라 보다 다차원 요인들의 결과다. 수도권 집중을 유발하는 사회경제적, 정치적 맥락은 다양한 요인들을 경유하여 결과적으로 수도권과 비수도권 간 건강 격차에 영향을 미쳤을 것으로 판단된다. 세계보건기구의 표현대로 하면 수도권 중심의 자본축적구조라는 구조적 건강 결정 요인이 다양한 중간 단계의 요인을 거쳐 수도권과 비수도권의 물질적 환경, 심리사회적 환경, 건강 행태, 보건의료체계에 영향을 줌으로써 수도권과 비수도권 간 건강의 격차를 구조화하는 것이다. 그러므로 지역 간 건강 불평등은 지역 간 의료 이용의 불평등과 마찬가지로 수도권에 대한 비수도권의 종속관계를 변화시키는 과정을 동반해야만 해결의 실마리를 마련하게 된다.

지역주민들의 건강과 의료 이용을 보장하기 위한 지방정부의 노력이 그 어느 때보다 필요하다. 하지만 지방정부가 활용할 수 있는 보건의료 재정 수단은 매우 취약하다. 2020년 국민보건계정에 의하면 건강보험이 전체 경상의료비 중 50.6%를 차지하고 있는데 건강보험은 보건복지부가 관장하는 중앙집권적 정책 수단이기 때문에 지방정부가 이를 재원으로 하여 지역의 의료 이용과 건강 문제를 해결하기는 어렵다.

우리나라의는 의료와 보건의 체계적인 분리에 기반하여 의료의 영역은 건강보험재정을 통하여 민간부문이 공급하고, 공중보건은 일반예산 또는 건강증진기금을 통하여 정부와 공공부문이 제공하는 것으로 정립되어 있다. 지방정부의 건강 및 보건의료 영역 개입은 광역 지방정부의 보건당국과 보건소 중심의 지역보건의료기관이 수행하는 공중보건이 대부분이다.

이제는 공중보건 영역에도 새로운 시장이 형성될 가능성이 크다. 공중보건 영역에서 가장 큰 비중을 차지하고 있는 건강증진과 만성질환 관리, 방문건강관리 등의 영역은 웨어러블기기 산업, 앱을 중심으로 하는 데이터 산업 및 관련 기업들의 중요한 시장이 되었다. 건강취약 계층을 위한 맞춤형 건강관리 서비스를 제공하기 위하여 보건소 모바일 헬스케어를 확대하

고 일차의료 만성질환 관리사업에도 웨어러블기기를 활용한
서비스를 제공하고 사물인터넷 및 AI, 돌봄로봇이 돌봄 및 간
호, 간병 영역에서 중요한 수단이 되었다. 향후 지방정부와 보
건소를 중심으로 제공하는 공중보건도 시장으로부터 자유롭기
어려운 상황이다.

4) 보건의료와 돌봄의 체계적 분리

2008년 7월 시작한 '노인장기요양보험'을 통하여 일상생활
지원과 수발 같은 돌봄 서비스는 장기요양보험재정을 기반으
로 재가급여나 시설급여를 제공하는 장기요양기관의 일이 됨
으로 해서 보건의료와 돌봄은 체계적으로 분리된 것으로 평가
된다. 보건과 의료, 돌봄은 사실상 떨어지기 힘든 영역임에도
불구하고 보건의료의 대부분은 국민건강보험을 통해, 돌봄은
장기요양보험을 통하여 제공하는 것으로 명확히 구별되었다.
이런 구별은 보건의료, 특히 의료영역을 의료전문가가 담당하
는 좁은 의미의 의학적 진료로 구분하고 돌봄은 비전문가가 담
당하는 낮은 단계의 노동으로 치부하게 만드는 효과를 발생시
킨다.

이런 과정들은 공중보건에도 일정하게 적용되어 돌봄은 공
중보건의 본질적 기능이 아니라 노인장기요양보험 체계하에서

제공되는 다른 무언가가 되어 가는 양상이다. 그러나 우리나라 건강보험이 민간 중심의 이윤추구 보건의료체계 속에서 의료 서비스를 상품화하는데 기여하듯이 장기요양보험도 비슷한 역할을 한다.

의료 서비스와 마찬가지로 장기요양기관들도 수가를 받는 서비스를 중심으로 자원을 집중하게 되고, 수익이 나지 않지만 반드시 필요한 서비스는 소홀하게 된다. 또한 장기요양 서비스의 대부분은 민간부문이 공급하는데 전체 장기요양기관 중 공공부문의 비율은 2010년 1.44%에서 2020년에는 0.96%로 감소하여 이미 시장이 주도하는 서비스가 되어 버렸다.

이런 상황에서 정부는 2019년부터 돌봄이 필요한 주민이 살던 곳에서 개개인의 욕구에 맞는 서비스를 누리고 지역사회와 함께 어울려 살아가도록 주거, 보건의료, 요양, 돌봄, 독립생활 등을 통합지원하는 것을 목적으로 하는 '지역사회 통합돌봄 선도사업'을 시행하였다. 2023년 7월부터는 이 사업에 대한 평가를 기반으로 '노인 의료돌봄 통합지원 시범사업'을 실시하지만 각각의 재원과 전달체계가 다른 상황에서 이 사업이 효과적으로 추진될 가능성은 매우 낮다.

지역사회 통합돌봄으로 일컬어지는 커뮤니티 케어는 장기요양 및 돌봄 필요와 의료 필요가 모두 높은 노인에게 필요한 서비스이다. 비수도권, 비광역시 지역은 고령화 수준이 높기 때문에 이들 지역의 보건의료 문제를 해결하는데 커뮤니티 케어의 활성화는 중요한 의미를 가진다. 그러나 공중보건, 의료, 장기요양 모두 시장적 성격이 더욱 강화될 확률이 높다는 점에서 이들 영역들이 체계적으로 통합되어 커뮤니티 케어가 작동하더라도 그것은 새로운 보건의료 영역의 시장이 만들어진 것일 뿐 공공성에 기반한 체계 강화는 기대하기 힘들 가능성이 크다.

2. 한국의 돌봄 영역에서 공중보건기관의 역할 변화와 의의

우리나라 공중보건이 체계화된 가장 중요한 계기는 미군정의 시작과 함께 도입된 보건소 제도였다.(맹광호, 1999) 1946년 10월에 국립중앙보건소가 서울에 설치됨으로써 다양한 공중보건사업이 시작되었는데 이때 주로 진행된 공중보건사업은 방역과 예방접종이었다. 1956년 보건소법 제정을 통해서 전국 차원에서 보건소가 급속도로 확대되고 보건소를 중심으로 공중보건 활동이 주도적으로 진행되었다. 이후 몇 차례 법률 개정을 거쳐 보건소의 업무 영역이 변화를 겪었다.(윤강재 외, 2022)

1980년에는 「농어촌 보건의료를 위한 특별조치법」이 제정됨으로써 공중보건의사 제도의 확립, 보건진료소 설치 및 보건진료원 배치가 이루어졌다. 이는 농어촌 보건의료 취약 주민들에게 보건의료를 제공함으로써 건강을 돌보고 지역 간 보건의료 서비스 이용의 형평성을 제고하기 위한 것이었다. 특히 보건진료소는 1978년 알마아타 회의에서 제시된 일차보건의료의 원칙을 우리나라 상황에서 구현하기 위한 조직이었는데 2018년 세계보건기구가 제시한 일차보건의료의 포괄적 정의에서는 완화적 돌봄이 포함되었다.(WHO, UNICEF, 2018)

1995년 제정된 「국민건강증진법」과 「정신보건법」, 1990년대 초반부터 진행된 방문보건사업, 노인보건사업, 장애인재활사업, 만성질환관리사업 등을 통하여 공중보건기관들은 건강 돌봄 기관으로서 성격이 보다 강화되었다. 1995년 「보건소법」이 「지역보건법」으로 전환된 후 공중보건기관의 역할이 보다 구체적으로 정립되었다. 2005년부터 전국 보건소에서 진행된 지역사회 통합건강증진사업은 공중보건기관의 건강 돌봄 기관으로서 위상과 역할을 더욱 공고히 한 것으로 평가할 만하다.

「지역보건법」은 공중보건기관에 해당하는 지역보건의료기관을 보건소, 보건의료원, 보건지소, 건강생활지원센터로 정의하였고 지역보건의료기관의 설치에 대한 내용을 규정한다. 또 법 제11조는 보건소의 기능 및 업무를 제시하는데 이는 모두 공중보건의 핵심 기능과 관련된 내용들이다. 보건소가 제공해야 하는 지역보건의료 서비스는 생애주기에 걸친 건강증진 및

[그림 5] 보건소의 기능과 역할변화

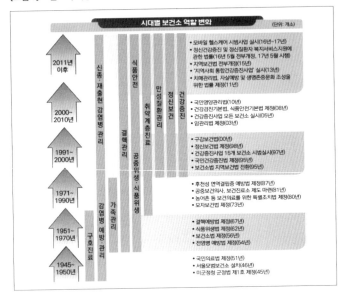

출처 : 윤강재 외, 2022

제11조(보건소의 기능 및 업무)
1. 건강 친화적인 지역사회 여건의 조성
2. 지역보건의료 정책의 기획, 조사·연구 및 평가
3. 보건의료인 및 「보건의료기본법」 제3조 제4호에 따른 보건의료기관 등에 대한 지도·관리·육성과 국민보건 향상을 위한 지도·관리
4. 보건의료 관련 기관, 단체, 학교, 직장 등과의 협력체계 구축
5. 지역주민의 건강증진 및 질병 예방·관리를 위한 다음 각 목의 지역보건의료 서비스의 제공
   가. 국민건강증진, 구강건강, 영양관리사업 및 보건교육
   나. 감염병의 예방 및 관리
   다. 모성과 영유아의 건강유지·증진
   라. 여성, 노인, 장애인 등 보건의료 취약계층의 건강유지·증진
   마. 정신건강 증진 및 생명존중에 관한 사항
   바. 지역주민에 대한 진료, 건강검진 및 만성질환 등의 질병 관리에 관한 사항
   사. 가정 및 사회복지시설 등을 방문하여 행하는 보건의료 및 건강관리사업
   아. 난임의 예방 및 관리

질병의 예방 및 관리를 포괄한다는 맥락에서 건강 돌봄기관으로서 보건소 위상을 구체화한 것이다.

공중보건기관은 건강을 돌보는 기관이지만 이러한 차원을 넘어 보건의료와 복지의 포괄적이고 통합적인 전달체계 구성에서 공중보건기관 역할이 구체적으로 조명된 시도들도 있었다. 대표적인 것이 보건복지사무소이다.(황금용, 2017) 이 사업은 1995년 7월부터 1999년 12월까지 진행된 시범사업으로 보건과 복지 서비스 간의 연계 필요성에 대한 담당자들의 인식을 제고시켰고 이후 보건과 복지 영역을 연계시키기 위한 다양한 노력들의 시발점으로서 평가받는다. 당시 보건복지사무소의 주 대상은 사회적 취약계층들이었으며 포괄적인 보건의료, 복지 서비스 제공을 위하여 보건소 내에 설치하여 운영하였다.

그러나 통합적으로 제공할 수 있는 자원 및 인력의 부족, 협력 경험의 부족 때문에 이 사업은 사실상 보건의료와 복지 간 실질적 협력을 구현하지는 못한 것으로 평가된다.(김근혜, 2015) 이후에도 맞춤형 통합 서비스 제공을 목표로 시군구 주민생활지원서비스 개편(2006.7-2012.3)을 시도하였다. 이를 통해 시군구에 8대 서비스(복지, 보건, 보육, 고용, 주거, 교육, 문화, 생활체육 등)를 제공하는 주민생활지원국을 설치하고 읍면동에는 주민생활 지원팀(6급 담당)을 신설하였다. 그러나 인력 부족으로 인한 현장의 업무부담 증가 등의 문제로 실행과정이 효과적으로 진행되지 못하였다(김이배, 2016).

한편 서울특별시는 '찾아가는 동주민센터(찾동)' 사업을 진행하였는데 주요 추진 방향과 내용은 '주민을 찾아가는 복지 · 건강', '주민을 위한 통합서비스', '주민 중심의 행정혁신', '주민에 의한 마을의제 해결' 등이었다.

찾동 사업은 다양한 혁신사업들을 포함하였는데 핵심 사업 중 하나는 65세 노인과 70세 노인, 0세 아동 가구, 위기가정을 복지와 보건 영역의 전문인력인 사회복지사와 방문간호사가 2인 1조로 방문하는 '복지플래너-방문간호사 활동'이었다.

이때 방문간호사는 혈압 및 혈당 확인, 만성질환 관리, 치매 조기검사 및 여러 건강 상태를 평가하는데 사회복지사와 함께 방문하기 때문에 그 자리에서 복지 및 돌봄 서비스가 연계된다. 방문간호사는 보건소 소속으로 동 주민센터에 파견된 직원이라는 점에서 찾동 사업은 공중보건기관이 건강 돌봄을 포함한 통합적인 돌봄 과정에 적극적으로 개입한 대표 사례. 이 사업은 이후 '찾아가는 보건복지 서비스', '주민자치형 공공서비스 구축사업'이라는 이름으로 전국 차원의 사업으로 발전하였다.(정창영, 2016)

한편 2007년부터 설치된 도시지역 보건지소는 만성질환관리사업, 맞춤형 방문보건관리사업, 재활보건사업, 지역사회연계 활성화를 핵심사업으로 선정하고 사업을 진행하였다. 이 사업들은 모두 돌봄 성격이 강한 공중보건사업 영역들이었다. 그러나 도시지역 보건지소의 설치 규모가 상대적으로 커서 대지 확보가 어렵고 인력 투입도 많아 전국적 확산이 어려워짐에 따라 2014년부터 건강생활지원센터로 전환하여 진행하였다.

건강생활지원센터는 소생활권 중심 건강증진 전담기관으로서 '지역 기반', '주민 참여', '지역자원 협력'이라는 3대 운영원리에 기반하여 '관할 지역 전체에 대한 금연, 절주, 신체활동, 영양사업'과 '건강 위험군에 대한 만성질환 예방 및 관리사업'을 기본사업으로 수행하였다. 뿐만 아니라 지역사회 통합건강증진사업의 13개 분야[1] 중 지역에서 필요로 하는 분야를 선택하여 주민 참여와 지역자원 연계의 원리를 통하여 지역 특화사업을 1개 이상 발굴하여 수행하게 되어 있다. 건강생활지원센터의 기본사업과 특화사업은 모두 건강 돌봄뿐 아니라 지원, 격려, 보살핌 등의 요소가 강한 돌봄적 성격의 사업들이다.

또한 건강생활지원센터의 운영원리에서 알 수 있듯이 이 기관은 참여와 협력, 연대라는 가치를 표방한다는 점에서 공중보건의 핵심원리를 조직의 운영원리로 채택하였다. 공공성의 행위 주체를 명확히 한다는 점에서 돌봄의 상호관계성과 연결될

---

1. 지역사회 통합건강증진사업의 13개 분야는 금연, 절주, 신체활동, 영양, 비만예방관리, 구강보건, 심뇌혈관질환예방관리, 한의약 건강증진, 아토피·천식 예방관리, 여성어린이특화, 치매관리, 지역사회 중심재활, 방문건강관리사업이다.

가능성이 매우 큰 기관인 셈이다.

또한 2018년부터는 국정과제의 일환으로 건강생활지원센터와 건강증진형 보건지소를 주민건강센터라는 이름으로 통칭하여 250개소 확충을 목표로 하였다. 주민건강센터는 지역주민의 건강증진 수요 충족을 기관의 운영 목적으로 설정함으로써 주민들의 건강생활 영위를 지원하는 건강 돌봄기관이라는 점을 명확히 하였다. 그리고 주민건강센터가 정부의 커뮤니티 케어 추진계획과 연관된 기관이라는 점을 강조함으로써 통합돌봄체계의 보건의료 부문 핵심 조직임을 분명히 하였다.(보건복지부, 한국건강증진개발원, 2021)

주민건강센터는 통합돌봄 시스템하에서 보건의료 영역을 담당하는 기관이 됨으로써 비로소 공중보건은 통합돌봄과 정책적으로 연결되었다.

건강증진형 보건지소는 읍면 지역에 설치된 기존 보건지소에 건강증진 기능을 탑재한 것으로써 건강생활지원센터와는 달리 진료 기능을 수행하면서 건강생활지원센터와 거의 동일한 사업을 수행하는 기관이다.

병원 차원에서도 통합돌봄과 연계된 건강 돌봄을 시도하였는데 지방의료원과 적십자병원을 중심으로 하는 공공병원에서는 보건, 의료, 복지와 관련된 기관 간 연계체계를 구축하여 사회경제적 어려움으로 의료 이용에 곤란을 겪는 주민들을 위해

통합지원사업을 수행해 왔다. 이 사업은 기초생활수급자나 차
상위계층, 이주민, 다문화가족, 북한이탈주민 등 사회적 취약계
층들을 대상으로 수행하는 사업으로서 일반적으로 '301 네트
워크 사업'으로 알려져 있다.(하지선 외, 2017)

　이 사업은 지역 복지관, 주민센터, 보건소, 요양시설 등의 지
역사회 네트워크가 가난과 질병의 악순환으로 인하여 삶이 고
단한 의료사각지대에 놓인 사람들을 병원들의 보건의료복지
연계센터에 의뢰하면 센터 내 '취약계층 의료지원 위원회'에서
사업 대상 적합 여부를 심의하는 것으로 시작된다. 이후 적합
한 것으로 판정되면 환자의 상태에 따라 의료 서비스 제공 및
보건복지 서비스를 설계하는데 이때 정부 지원금 및 외부 후원
을 통하여 환자의 치료비 및 간병비를 지원하고 이후 외부 자
원과의 연계를 통하여 지역사회로의 안정적 복귀를 돕는다. 외
부 자원은 보건의료 영역 뿐 아니라 요양, 돌봄 등 다양한 사회
서비스 관련 기관들도 포함하는 것인데 이런 맥락에서 보건,
의료, 복지 통합지원사업은 병원이 단지 의료 서비스만 제공하
는 것에 그치지 않고 다양한 돌봄 체계와의 연계에서 중심기관
이 될 수 있음을 보여 준 대표적인 사례이다.

[그림 6] 301 네트워크 서비스 내용

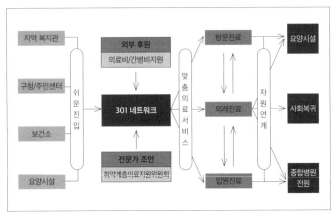

출처 : 권용진, 2016

뿐만 아니라 2018년 보건복지부가 발표한 공공보건의료발전 종합대책에 따라 전체 시도에 공공보건의료위원회와 권역 및 지역책임의료기관이 설치, 운영되면서 공공보건의료 협력체계 구축사업이 진행되었다. 이와 함께 책임의료기관들은 권역 및 지역 내 필수의료 공백이 없도록 지역 보건의료기관과 연계, 협력하여 필수보건의료를 자체 완결적으로 공급하기 위한 필수보건의료 협력사업을 진행 중이다.

2023년 현재 제공되고 있는 필수보건의료 협력사업은 퇴원환자 지역사회 연계사업, 중증 응급이송, 전원 및 진료협력사업, 감염 및 환자안전관리사업, 정신건강증진 협력사업, 재활

의료 및 지속관리 협력사업, 산모·신생아·어린이 협력사업, 교육·인력 지원사업의 7가지 사업이다.(보건복지부, 2023)

이 중 퇴원환자 지역사회 연계사업은 퇴원 이후 연속적 건강관리를 위하여 입원환자 상태 심층평가 및 케어플랜 수립, 퇴원 후 지역사회로 의료, 복지 및 건강 모니터링을 하는 사업으로 퇴원 후 단계는 장기요양시설 및 복지기관 등 사회서비스를 담당하는 다양한 자원들과 연계에 기반한 프로그램이라는 점에서 커뮤니티 케어와 접점이 넓은 사업이다.

전국에 지정된 권역책임의료기관은 16개소인데 이 중 14개소는 국립대병원으로 이 사업을 기반으로 해서 국립대병원이 돌봄 시스템과 연계될 수 있는 토대를 마련하였다. 이 사업은 보건, 의료, 복지 통합지원사업과 유사한 점이 많으나 보건, 의료, 복지 통합지원사업이 취약계층을 사업 대상으로 하는데 비해 퇴원환자 지역사회 연계사업은 모든 퇴원환자를 대상으로 하므로 보편성 측면에서 진일보한 측면이 있다.

필수보건의료 협력사업에서는 2024년부터 돌봄을 필수사업으로 확대하여 진행할 예정이어서 책임의료기관과 돌봄 체계와의 연계성은 더욱 높아질 것으로 판단된다.

이상과 같이 한국의 공중보건기관들은 방역과 예방접종을 주로 하는 기관에서 생애주기별, 대상자별로 체계적인 건강 돌봄을 수행하는 기관으로 변모해 왔다. 한 축에서는 포괄적이고

[그림 7] 필수보건의료 협력사업 진행 계획

구분	필수보건의료 분야							자원 연계	
	급성기 퇴원 환자 연계	중증응급 질환 협력	감염 및 환자안전	정신/재활	산모/신생 아/어린이	일차의료· 돌봄	취약계층	교육	인력
'21년	필수	필수	필수	선택	선택	선택	선택	선택	선택
'22년	필수	필수	필수	필수	선택	선택	선택	필수	선택
'23년	필수	필수	필수	필수	필수	선택	선택	필수	필수
'24년	필수	필수	필수	필수	필수	필수	선택	필수	필수
'25년	필수	필수	필수	필수	필수	필수	필수	필수	필수

출처 : 보건복지부, 2023

통합적인 보건의료를 제공하기 위하여 보건의료를 넘어선 다양한 돌봄 영역들과 연계를 시도하였고 또 다른 한 축에서는 지역사회 통합돌봄 시스템 아래 보건의료 부문의 책임기관으로서 위상 확립을 위한 노력을 진행해 왔다. 이런 부분을 고려할 때 한국의 공중보건기관들은 자체 완결적인 건강 돌봄 기관이라는 정체성을 확립해 나가면서 지역사회 통합돌봄 영역의 보건의료 책임기관으로서 위상을 제고해 나가는 단계이다.

3장

국가별
사례 실태 및
현황

1. 외국의 실태 및 현황

1) 영국

영국은 장기 돌봄 수요의 증가, 의료비를 포함한 재정적 압박 등으로 인해 보건의료와 돌봄 서비스의 통합이 중요한 정책 목표가 되었다. 영국 사회에서 통합돌봄은 고령자의 복합 만성질환과 관련한 사회적 부담의 증가, 보건의료와 돌봄 간의 분절성 및 복합성 증가, 돌봄 서비스 이용자의 접근성 저하 등에 따라 필요성이 증가하였다.(Exworthy, Powell, & Glasby, 2017; Humphries, 2015)

영국의 경우 1948년 NHS가 설립된 이후 보건의료 서비스는 지속적으로 중앙집중화된 체계로 운영되었으나 돌봄 서비스의 제공 및 재정 지원은 지방정부의 권한과 책임 아래 있었다.

특히 1990년에 제정된 「1990년 국가보건의료서비스 및 지역사회돌봄법(NHS and Community Care Act 1990)」에 의해서 건강 (Health)과 돌봄(Care)을 구분하고 돌봄 제공의 주체를 지방정부로 하였다. 그러나 실제로는 지방정부가 제공해야 할 돌봄 서비스가 대부분 영리단체나 자선단체에 의해서 제공되는 상황이었다.

이후 「2012년 보건의료 및 돌봄서비스법(Health and Social Care Act 2012)」에 근거하여 지역별로 임상위원회(Clinical Commissioning Groups, CCGs)를 설치하였다. 이 위원회는 일반의가 주도하는 조직으로서 응급의료를 포함한 예방, 진단 및 치료 등 포괄적인 의료 서비스 제공, 의료 서비스의 비용과 질 관리, 공중보건 서비스 제공 등 지역의 보건의료 서비스를 총괄 및 조정하는 조직이었다.

CCGs의 관계자들은 지방정부의 보건복지 정책 책임자, 관련 전문가들과 함께 보건복지위원회(Health and Wellbeing Boards, HWBs)를 구성하였다. 이 위원회는 지역주민들의 돌봄 수요를 파악하고 이를 바탕으로 지역의 특성에 맞는 보건의료 및 돌봄 정책의 수립, 집행, 운영 관리 등 전반적인 사항을 결정하는데 이를 통하여 보건의료 서비스와 사회복지 서비스를 제공하는 각 주체들이 전략적으로 서비스를 통합할 수 있도록 의견을 제공하였다.

또한 지역주민의 건강 관련 서비스를 제공하는 각 주체 간 협업과 이와 관련된 의사결정을 지원하는 역할을 하였다. 이 위원회의 논의 사항은 안전, 통합의료 제공, 성인 및 아동의 복지 서비스, 급성질환 치료, 장애인 및 취약계층 관리, 치매 및 건강불평등 문제, 지역 내 기타 보건 문제 등과 관련된 것이었다.(김경환, 2019)

[그림 8] 영국의 ICS(Integrated care systems)

Integrated Care Systems (ICSs)
Key planning and partnership bodies
from July 2022

NHS England
Performance manages and supports the NHS bodies working with and through the ICS

Care Quality Commission
Independently reviews and rates the ICS

Statutory ICS

Integrated Care Board (ICB)

Membership: Independent chair; non-executive directors; members selected from nominations made by NHS trusts/foundation trusts, local authorities, general practice; an individual with expertise and knowledge of mental illness.
Role: Allocates NHS budget and commissions services; produces five-year system plan for health services.

Cross-body membership, influence and alignment

Integrated Care Partnership (ICP)

Membership: Representatives from local authorities, ICB, Healthwatch, and other partners.
Role: Planning to meet wider health, public health, and social care needs; develops and leads integrated care strategy but does not commission services.

Influence Influence

Geographical Footprint	Partnership and Delivery Structures	
	Name	**Participating Organisations**
System Usually covers a population of 1-2 million	**Provider Collaboratives**	NHS trusts (including acute, specialist, and mental health) and appropriate voluntary, community, and social enterprise (VCSE) organisations and the independent sector; can also operate at place level.
Place Usually covers a population of 250,000-500,000	**Health and Wellbeing Boards**	ICS, Healthwatch, local authorities, and wider membership as appropriate; can also operate at system level.
	Place-Based Partnerships	Can include ICB members, local authorities, VCSE organisations, NHS trusts (including acute, mental health, and community services), Healthwatch, and primary care.
Neighbourhood Usually covers a population of 30,000-50,000	**Primary Care Networks**	General practice, community pharmacy, dentistry, opticians.

출처 : www. kingsfund.org.uk

52

하지만 지속적인 서비스 수요 증가, 만성적인 보건의료 인력 부족, 의료비 증가 등의 문제는 계속되었고 NHS는 장기계획으로 통합의료시스템(Integrated Care Systems, ICSs)을 제시하였다.

통합의료시스템은 보건의료와 사회적 돌봄의 통합을 목표로 하는 것으로 영국 정부는 2022년 4월 「2022년 보건의료 및 돌봄법(Health and Care Act, 2022)」을 통과시킴으로써 관련 법적 근거를 확보하였다.

영국은 2022년 7월부터 인구 약 50만~300만 명을 포괄하는 42개의 ICS로 나뉘게 되는데 ICS의 목표는 인구 건강 및 보건의료의 결과 개선, 서비스 결과·경험 및 접근성의 불평등 해결, 생산성 및 비용 대비 가치 향상, NHS가 광범위한 사회경제 개발에 기여하는 것 등 크게 네 가지였다.

ICSs는 통합의료위원회(Integrated Care Board, ICBs)와 통합의료파트너십(Integrated Care Partnerships, ICPs)으로 구성되었다. 이때 ICBs는 이전 CCGs가 담당했던 역할을 대체하는 기관으로서 주로 서비스의 질 향상, 불평등 해소, 환자 참여 및 환자 선택의 증진, 혁신, 교육연구의 활성화 등을 담당하며 ICPs는 지역의 건강 및 공중보건, 돌봄 요구를 평가하고 이를 해결하기 위한 전략을 개발하는 것이었다.[1]

---

1. https://www.kingsfund.org.uk

2) 스웨덴

스웨덴에서도 통합의료를 위한 노력을 진행해 왔는데 그 첫 번째 노력은 1990년대 초에 진행되었다. 당시 통합의료의 주요 목표는 비용 효율적인 보건의료 서비스 제공이었으며 주로 보건의료조직 내 프로세스 통합에 중점을 두었다. 이 작업을 통해 특정 환자 집단의 돌봄 관련된 모든 공급자들을 통합하는 '돌봄 사슬(Chain of Care)'이 개발되었다.

돌봄 사슬은 지역별 공급자 간 계약을 기반으로 한 통합 경로를 통하여 일차의료, 병원, 지역사회 돌봄을 연계할 목적으로 개발한 통합돌봄모델이다. 이 시기에는 또한 노인 돌봄에 대한 책임이 광역 지방정부에서 기초지자체로 이관되었는데 이를 통하여 광역 지방정부의 보건의료 서비스와 기초지자체의 사회서비스 간의 통합성을 높이고 보건의료 전문가와 사회서비스 공급자 간 협력을 향상시키고자 하였다. 장애인 돌봄과 만성 정신질환자 돌봄에 대한 책임도 광역 지방정부에서 기초지자체로 이전되었다.(Adamiak G, Karlberg I., 2003)

2000년대에 이르러 스웨덴의 광역 지방정부들은 보건의료 재편과 함께 지역보건의료(Local Health Care) 체계를 도입하였다. 지역보건의료 체계는 특정 지역 내에서 제공되는 보다 향상된 가족 및 지역사회 중심 일차보건의료로서 상황에 따라서 탄력적으로 병원 서비스가 결합되는 체계였다.

지역보건의료 체계의 목표는 지역 인구의 요구를 충족할 수 있는 보건의료 서비스를 통합적 형태로 공급하는 것이었는데 그 내용과 형식은 지역마다 각양각색이었다. 지역보건의료 체계에서 또한 중요했던 것은 보건의료 서비스와 사회서비스의 통합이었다.

특히 1990년대 초 기초지자체로 이전되었던 노인 돌봄과 만성 정신질환자 돌봄에서 보건의료 및 사회서비스의 통합이 중요하였는데 지역보건의료는 '치매팀', '다학문적 재가돌봄팀', 다양한 형태의 '사례 관리팀', '재활팀' 등을 통해 보건의료 전문가와 사회서비스 공급자 간의 협력을 촉진했다. 뿐만 아니라 지역의료에 국한되지 않는 다양한 영역들에서 이들의 협력이 증가하였다.(Ahgren, B., Axelsson, R., 2011)

또한 기초지자체 단위에서는 다양한 실험들이 진행되었다. 보건의료와 사회서비스를 위한 공동조직을 운영하기도 하였고, 정신보건과 사회서비스를 위한 컨소시엄을 구성하여 서비스를 제공한 사례들도 있었다. 조직 간 통합에 대한 가장 광범위한 실험은 직업 재활 분야에서 이루어졌는데 이 영역에서 보건의료 전문가는 사회서비스 공급자, 사회보험 및 국가 고용 부문의 공무원들과 협력을 구현했다.

이런 노력의 결과로 광역 지방정부와 기초지자체가 사회보험 행정부의 지부 및 국가 고용 부문 공무원들과 함께 재정 조정을 위한 '지역 연합'을 구성할 수 있게 되었는데 이를 통하여 '지역 연합'을 구성하는 단체들의 예산이 '지역 연합'의 예산으로 합쳐졌다. '지역 연합'의 예산은 여러 조직의 전문가 간 협력이 필요한 문제를 가진 대상자들을 위한 다양한 사업에 투입되었다.(Adamiak, G., Karlberg, I., 2003; Bihari Axelsson, S., Axelsson, R., 2009; ø vretveit, J. et al, 2010; Wihlman, U. et al, 2010; Ahgren, B., Axelsson, R., 2011)

3) 일본

일본의 지역포괄케어 시스템은 개호가 필요하게 되어도 익숙한 지역에서 자립적인 생활을 할 수 있도록 의료, 개호, 예방, 생활지원, 주거를 포괄적이고 지속적으로 제공하는 시스템이다.

의료 및 개호가 동시에 필요한 노인을 지역사회에서 돌보기 위해서는 의료와 개호의 연계는 필수적이며 방문진료가 가능해야 한다. 뿐만 아니라 의사, 치과의사, 간호사, 약사, 영양사, 재활 직종 인력, 케어 매니저 등 의료와 개호 영역 전문가들의 연계와 협력이 필수적이다.

지역포괄케어를 실현하기 위해서 시정촌은 지역포괄지원센터를 설치하였다. 지역포괄지원센터는 보건사, 사회복지사, 주

임개호지원전문원 등을 배치하고 이들 간의 팀 접근을 통하여 주민들의 건강 유지 및 생활 안정을 위해 필요한 원조를 하고 이를 통하여 보건의료의 향상 및 복지의 증진을 포괄적으로 지원하기 위한 조직이다. 지역포괄지원센터는 1차 종합상담기관의 역할을 하는데 의료적 치료, 돌봄 등 다양한 서비스가 필요한 이용자가 30분 거리에 위치한 지역포괄지원센터를 통해 횡단적인 제도 및 서비스를 누락 없이 이용할 수 있도록 지원하는 것을 목표로 하였다.(이건세, 2019)

지역포괄케어를 실현하기 위해서는 종합상담과 지역 네트워크 구축이 성공적으로 이루어져야 한다. 종합상담은 분절된 서비스 제공의 한계를 극복하기 위한 것으로 이용자의 요구에 대

[그림 9] 일본 지역포괄지원센터의 역할

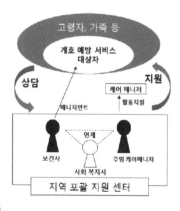

출처 : 이건세, 2019

[그림 10] 일본의 지역포괄지원 네트워크

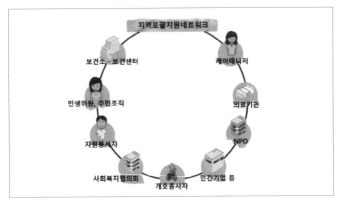

출처: 류건식, 손성동, 2023

한 평가를 근거로 의료, 개호, 주거, 취업 지원 등의 서비스를
통합·조정하는 것이다. 지역 네트워크는 보험자인 시정촌, 다
양한 서비스 제공기관, 지역사회 주민, 자원봉사자 등과의 연
계, 협력 체계로서 이를 통하여 서비스가 필요한 사례를 조기
에 발견하고 문제를 효과적으로 해결하는 것을 목적으로 한다.

지역포괄지원센터는 이런 목적을 달성하기 위하여 공식, 비
공식 자원의 네트워크 구축 및 서비스 연계를 통해 지역사회의
의료, 보건, 돌봄, 복지, 주거, 예방 서비스 등을 포괄적으로 지
원한다.(류건식, 손성동, 2023)

이같이 일본의 지역포괄케어 시스템은 지역포괄지원센터에
보건사라는 공중보건 전문가가 근무함으로써 종합상담의 질을

제고하고 지역포괄지원 네트워크 안에도 보건소와 보건센터 등의 공중보건기관이 결합되어 있어 공중보건 영역이 돌봄에 밀접하게 결합되어 있는 것으로 평가한다.

2. 국내 실태 및 현황

1) 지역보건의료기관의 돌봄

(1) 방문건강관리 서비스

공중보건기관 중 지역보건의료기관이 제공하는 서비스들 중 대부분은 돌봄 성격이 강한 서비스지만 그중에서도 방문건강관리 서비스는 돌봄 성격이 가장 강한 서비스이다.

우리나라 방문건강관리 서비스는 2007년부터 전국으로 확대되기 시작했으나 2013년 지역사회 통합건강증진사업에 통합됨과 동시에 필수사업이 아닌 선택사업이 되었다. 이후 2018년부터는 지역사회 통합건강증진사업으로부터 별도 예산사업으로 분리되어 전국의 모든 보건소를 중심으로 사업이 진행되었다.

또한 2020년 11월부터는 AI·IoT 기반 어르신 건강관리 시범사업을 실시하는데 이 사업은 보건소 방문건강관리 사업의 운영 경험을 AI·IoT 기술을 활용하여 건강증진 서비스의 접근성이 떨어지는 노인들을 대상으로 수행하는 사업이다.

지역사회 통합건강증진사업에서 진행되고 있는 방문건강관리 사업은 보건소에 방문하여 건강관리 서비스를 받기 어려운 지역주민을 대상으로 직접 가정 등을 방문하여 제공하는 건강관리 서비스로서 취약계층의 건강 인식 제고, 지역주민의 자가 건강관리 능력향상 및 허약 예방 등을 통한 건강 수준 향상에 그 목적이 있다.

이 사업은 기본적으로 통합돌봄 성격이 강한 사업으로서 취약계층 건강 문제를 포괄적, 적극적으로 파악하여 건강관리 서비스를 직접 제공하거나 지역사회 자원과 연계하여 주민에게 필요한 서비스를 제공한다. 이 사업의 대상은 기본적으로 건강행태 개선이 필요한 자, 만성질환 위험군 또는 질환군, 노인 중 허약 예방 및 관리가 필요한 자로 설정이 되어 있으나 연령 기준, 경제적 기준, 사회적 특성, 건강 특성별로 우선순위 고려 대상을 둔다.

연령 기준은 만 65세 이상 노인, 경제적 기준은 기초생활보장수급자, 차상위 계층 등, 사회적 특성 기준은 독거노인, 다문화 가족, 한부모 가족, 조손 가족, 북한 이탈주민 등, 건강 특성 기준으로는 관리되지 않는 만성질환자 및 만성질환 위험군, 장애인, 재가 환자인 등이 우선순위 고려 대상이다.(보건복지부, 한국

방문건강관리 사업은 크게 건강 상태 스크리닝, 건강관리 서비스, 보건소 내외 자원연계로 구분될 수 있다.

건강 상태 스크리닝은 신체 계측 및 건강 면접조사 등을 통하여 대상자의 건강행태 및 건강 위험요인을 파악하고 대상자군을 분류하여 건강관리 서비스를 제공하는 것이다. 대상자들은 크게 집중관리군, 정기관리군, 자기역량 지원군으로 분류된다. 이때 집중관리군은 건강 위험요인 및 건강 문제가 있고 증상조절이 안되는 경우, 정기관리군은 건강위험요인 및 건강 문제가 있고 증상이 있으나 조절이 되는 경우, 자기역량지원군은 건강 위험요인 및 건강 문제가 있으나 증상이 없는 경우를 말한다. 이후 건강관리 서비스의 효과성을 평가한 후 개선사항을 도출하는 것도 건강 상태 스크리닝에 포함된다.

건강관리 서비스는 금연, 절주, 식생활, 신체활동 등 자가 건강관리 능력향상, 만성질환 관리율 향상, 노인의 허약 속도 지연을 목표로 기본 건강관리, 만성질환 예방 및 관리, 생애주기별 및 특성별 관리를 수행하는 것을 말한다. 이때 생애주기별 및 특성별 관리는 노인 대상 허약예방 및 관리, 임산부, 신생아 및 영유아의 건강관리, 다문화가족 및 북한 이탈주민 건강관리, 장애인 재활관리로 나누어진다. 건강관리 서비스 방법은 직접 방문 외에도 전화 방문, ICT 활용 비대면 건강관리, 문자발송,

SNS 등 온라인 창구 활용·우편·물품제공·영상 제공 등을 포함한 기타 방문건강관리 서비스가 있다.

마지막으로 보건소 내외 자원연계 서비스는 보건소 내 연계 서비스와 보건소 외 연계 서비스로 나눈다. 보건소 내 연계 서비스는 대상자의 건강 문제에 따라서 진료, 금연클리닉 등 건강증진 사업, 의료비 지원사업, 지역정신보건센터, 치매안심센터 등에 대상자를 연계하는 서비스다.

보건소 외 연계 서비스는 대상자의 문제에 따라서 읍면동 찾아가는 보건복지 서비스, 시군구 희망복지지원단 통합사례관리, 의료급여 사례관리 사업, 노인 의료돌봄 통합지원 시범사업, 광역정신보건복지센터, 중독관리통합지원센터, 보건의료전문기관, 무료 수술 및 의료비 지원사업 등과 연계하는 서비스이다.

방문건강관리 사업 중 특히 보건소 외 연계 서비스는 통합돌봄 성격이 강해 보건의료와 사회서비스가 통합된 서비스를 공급하는 주체로서 공중보건기관의 역할이 강조되는 서비스이다.

2020년 현재 17개 시도별 보건소당 방문건강관리 담당자 수는 평균 9.5명이었는데 서울이 15.4명으로 가장 많고 다음으로는 전북 13.4명, 광주 11.8명, 인천 11.6명 순이었다. 반면 가장 적었던 곳은 충북으로서 6.7명, 다음으로는 경북 7.0명, 대전 7.2명, 경남 7.4명, 울산 7.6명 순이었다.

방문건강관리 대상자 군별 분포는 집중관리군보다는 정기관리군과 자기역량지원군이 많은데 2020년도 경상남도의 예를 들면 집중관리군은 0.8%인데 비해서 정기관리군은 57.1%, 자기역량지원군은 38.8%였다. 자원 연계는 주로 보건소 내에 서 이루어지지만 보건소 외의 지역사회 자원과의 연계도 적지 않은데 경상남도의 경우 방문건강관리 서비스 차원에서 완료된 보건소 외 자원 연계 건수는 전체의 22.5%였다.(정백근 외, 2021)

(2) 주민건강센터

주민건강센터는 사전예방 중심의 건강증진과 만성질환 관리 중심의 건강생활지원센터와 농어촌 읍면지역의 보건지소에 건강증진 기능을 탑재한 건강증진형 보건지소를 통칭한다. 지역사회 요구에 기반하고 주민 참여와 지역자원 협력을 통해 방문건강관리, 만성질환 예방관리 등 주민의 건강한 생활을 지원하는 소생활권 중심 지역보건의료기관을 말한다.

2021년 현재 건강생활지원센터는 총 85개소이고 기본형과 동 단위형으로 구분하여 설치되었다. 기본형은 상근직이 최소 5인 이상 배치되어야 하며 단독 혹은 복합건물 내 신축이 가능하다. 동 단위형은 동 단위의 밀착형 건강증진 서비스 필요 지역에 설치한다. 시군구당 1개소가 기본형으로 설치된 경우 추가적으로 동 단위형 설치가 권장된다. 동 단위형 건강증진센터

는 상근직이 최소 3인 이상 배치하면 된다.(보건복지부, 한국건강증
진개발원, 2022a)

건강생활지원센터는 지역사회 기반, 주민 참여, 지역자원 협
력의 세 가지 운영원리에 기반하여 중심 활동들을 진행한다.
지역사회 기반의 운영원리는 지역 건강 문제 파악, 지역건강
거버넌스 구축, 지역건강 활동계획 수립의 중심 활동으로 구체
화된다. 주민 참여의 원리는 건강 활동 참여 주민의 발굴, 참여
주민의 역량 강화 및 건강지도자 양성, 주민들의 자발적 활동
조직화, 주민 주도적 건강 활동 수행으로, 지역자원 협력의 원
리는 지역자원 발굴과 협력 네트워크망 구축, 담당 인력 및 협
력자원 인력 역량 강화, 지역특성 기반 통합적 보건 서비스 제
공으로 구체화된다.

[그림 11] 건강생활지원센터의 운영원리와 활동내용

출처 : 보건복지부, 한국건강증진개발원, 2022a

[그림 12] 건강생활지원센터의 지역건강 거버넌스

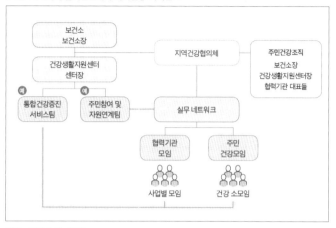

출처 : 윤태호 외, 2019

    건강생활지원센터를 실질적으로 운영하는 지역건강 거버넌스는 지역건강협의체인데 주민건강조직 대표자, 보건소장, 건강생활지원센터장, 지역사회의 다양한 협력기관의 대표자들로 구성되며 의장은 주민건강조직 대표자이다. 지역건강협의체는 건강생활지원센터의 핵심 운영원리인 주민 참여와 지역자원 협력을 동시에 구현하는 건강생활지원센터의 의사결정기구로서 여기서 합의된 사항은 실무 중심기관인 실무네트워크가 수행하게 된다.

    지역건강협의체의 중심 기관은 주민건강조직인데 이는 주민 참여를 구현하는 건강 관련 주민자치조직이다. 주민건강조

[그림 13] 주민건강조직 구성 단계

출처 : 윤태호 외, 2016

직은 지역건강협의체의 의장기관이면서 지역자원 연계의 중심 주체의 성격이 있다. 건강생활지원센터 사업 운영 매뉴얼(2016) 에서는 주민건강조직을 구성하는 단계를 아래와 같이 제시하고 있다.

건강증진형 보건지소는 의료접근성 향상 및 만성질환 유병

[그림 14] 기존 보건지소와 건강증진형 보건지소의 차이점

	기존		강화		
	진료팀		진료팀	방문전담팀	
조직	- 공중보건의사 1인 - 간호사 1인		- 공중보건의사 1인 - 간호사 1인	- 간호사 1인 - 정신 및 치매담당 1인 ...	
	일차진료	건강증진 서비스제공	일차진료	건강증진 서비스제공	전문인력 연계
사업 내용		만성질환관리 사업		표준화된 생애주기별 건강증진사업 (방문건강관리사업 만성질환관리사업)	타 보건지소 운동처방사, 영양사 등

출처 : 보건복지부, 한국건강증진개발원, 2022b

률 증가 등에 따라 보건지소가 수행하던 진료 기능에 건강증진 활동을 강화한 기관으로 읍면 지역에 설치한다. 지리적 접근성에 따라서 2~3개 보건지소를 묶어 1개의 보건지소 전담팀에서 방문건강관리 및 건강증진 프로그램을 운영하거나 1개 보건지소에 방문전담팀 등을 설치하는 방식으로 운영할 수 있다.(보건복지부, 한국건강증진개발원, 2022b)

소지역 단위에 기반할 뿐만 아니라 방문건강관리 서비스 등을 주요 사업으로 설정하고 주민 참여, 지역자원 협력을 운영원리로 한다는 점에서 주민건강센터는 지역사회 통합돌봄의

[그림 15] 노인 보건의료-요양돌봄-복지 통합케어모델

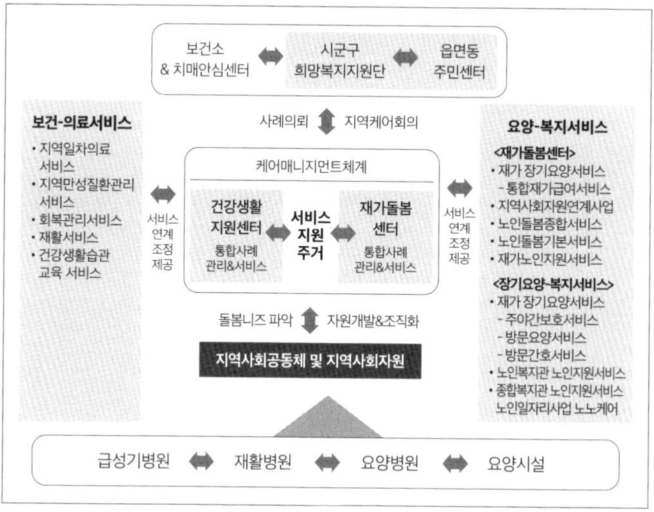

출처 : 홍선미, 2019

보건의료 서비스 영역을 담당하는 주요 기관으로 자리매김했다.(홍선미) 보건복지부 역시 커뮤니티 케어의 주요 인프라 중하나로 건강생활지원센터를 설정하고 소생활권 설치 확대를 통해 지역 밀착형 커뮤니티 케어 체계를 구상한 바 있다.

2) 공공병원의 돌봄 : 책임의료기관 필수보건의료 협력사업

공공보건의료 협력체계 구축사업 중 필수보건의료 협력사업으로 진행되는 퇴원환자 지역사회 연계사업은 모든 책임의료기관이 필수적으로 참여하는 사업이다. 책임의료기관은 권역과 중진료권 내에서 필수보건의료의 자체 완결적 제공을 책임지는 기관이다. 권역에는 권역책임의료기관, 중진료권에는 지역책임의료기관이 그 역할을 맡는다. 이와 관련해서 정부는 전국을 17개 권역, 70개 중진료권으로 나누었는데 2023년 현재 권역책임의료기관 16개소, 지역책임의료기관은 42개소가 지정, 운영 중이다(그림 16).

책임의료기관들은 퇴원환자 지역사회 연계사업을 포함한 필수보건의료 협력사업을 진행하기 위하여 필수의료 협의체를 구성하는데 원내 협의체와 원외 협의체가 있다.

원내 협의체는 필수보건의료 분야 사업 모델 개발 및 확대를 위한 원내 부서 간 협의, 조정을 위한 것으로서 협력사업 수행

[그림 16] 권역 및 지역책임의료기관 지정 현황(2023)

시도	권역책임의료기관 (16개소)	진료권	지역책임의료기관 (42개소)	시도	권역책임의료기관 (16개소)	진료권	지역책임의료기관 (42개소)
서울	서울대학교병원	서울서북	서울적십자병원	경기	분당서울대학교병원	수원권	경기도의료원 수원병원
		서울동북	서울의료원			성남권	성남시의료원
		서울서남	서울특별시 서남병원			의정부권	경기도의료원 의정부병원
		서울동남	서울특별시보라매병원			안양권	
부산	부산대학교병원	부산서부				부천권	
		부산중부	부산광역시의료원			평택권	경기도의료원 안성병원
		부산동부				안산권	근로복지공단 안산병원
대구	경북대학교병원	대구동북				고양권	국민건강보험 일산병원
		대구서남	대구의료원			남양주권	
인천	가천대길병원	인천서북				파주권	경기도의료원 파주병원
		인천동북				이천권	경기도의료원 이천병원
		인천중부	인천광역시의료원			포천권	경기도의료원 포천병원
		인천남부	인천적십자병원	전북	전북대학교병원	전주시	
광주	전남대학교병원	광주광서				군산시	군산의료원
		광주동남				익산시	
울산	울산대학교병원	울산서남				정읍권	
		울산동북				남원권	남원의료원
세종	세종충남대학교병원	세종		전남	화순전남대학교병원	목포권	목포시의료원
대전		대전서부				여수권	
		대전동부				순천권	순천의료원
충남	충남대학교병원	천안권	천안의료원			나주권	
		공주권	공주의료원			해남권	
		서산권	서산의료원			영광권	
		논산권		경북	칠곡경북대학교병원	포항권	포항의료원
		홍성권	홍성의료원			경주권	
충북	충북대학교병원	청주권	청주의료원			안동권	안동의료원
		충주권	충주의료원			구미권	김천의료원
		제천권				영주권	영주적십자병원
강원	강원대학교병원	춘천권				상주권	상주적십자병원
		원주권	원주의료원	경남	경상국립대학교병원	창원권	마산의료원
		영월권	영월의료원			진주권	
		강릉권	강릉의료원			통영권	통영적십자병원
		동해권	삼척의료원			김해권	양산부산대학교병원
		속초권	속초의료원			거창권	거창적십자병원
				제주	제주대학교병원	제주시	
						서귀포시	서귀포의료원

출처 : 보건복지부, 2023a

을 위한 환자 정보 공유 및 진료 연계를 주로 협의한다. 퇴원환자 지역사회 연계사업과 관련해서는 연계를 위한 스크리닝 및 평가 결과를 공유하는 것이 원내 협의체에서 이루어진다.

원외 협의체는 필수보건의료 협력사업 수행을 위한 지역의 보건의료기관 간 협의, 조정을 위한 조직이다. 원외 협의체는 공중보건기관, 행정복지센터 및 통합돌봄 관련 기관들이 참여한다. 퇴원환자 지역사회 연계사업이 공중보건 및 통합돌봄과 연계되는데 필요한 정보 공유, 문제 진단 및 개선 방향을 검토하고 기관 간 업무 프로세스 구성 및 협력방안을 논의한다.

책임의료기관들은 필수의료 협의체를 운영함으로써 퇴원 이후 연속적 건강관리를 위하여 입원환자 상태 심층평가 및 케어플랜 수립, 퇴원 후 지역사회로 의료, 복지 연계 및 건강 모니터링을 도모한다. 이 과정에서 통합돌봄과의 연계가 이루어진다.

퇴원환자 지역사회 연계사업은 크게 4가지 영역으로 구성된다.

첫째, 대상자 선정 및 환자 평가이다. 다학제팀은 의학적 평가와 사회경제적 평가, 상담 등을 통하여 퇴원 후 연계가 필요한 대상자를 선정한다.

둘째, 퇴원환자 케어플랜 수립 및 환자 교육이다. 첫 번째 단계에서 환자 평가에 근거하여 퇴원 이후 건강관리를 위한 영역별 케어플랜을 수립하고 환자 교육을 실시한다.

셋째, 지역사회 연계이다. 퇴원 시 병의원, 시설, 보건소 등과 의료, 보건 서비스 연계 및 읍면동, 복지관 등과 복지, 돌봄 서비스를 연계한다.

[그림 17] 퇴원 환자 지역사회 연계 개념틀

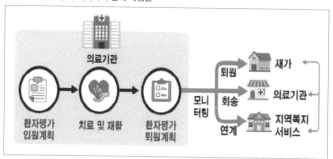

출처 : 보건복지부, 2023a

넷째, 모니터링 및 관리이다. 지역사회 기관과 연계하여 환자의 건강 상태 및 욕구를 모니터링 및 평가하고 지속적으로 사례관리를 실시하는 것이다.

퇴원환자 지역사회 연계사업은 지역사회 통합돌봄 선도사업에서 제시하였던 노인 선도사업 및 정신질환자 선도사업의 개념틀과 비슷하다는 면에서 그 자체가 지역사회 통합돌봄사업이라고 해도 무방하다.

퇴원환자 지역사회 연계사업을 포함한 필수보건의료 협력사업의 의의는 지금까지 분절적으로 운영되는 공공의료와 공중보건, 돌봄 영역이 체계적으로 연계되는 틀을 제시했다는 것이다. 실제 이 사업을 포괄하는 공공보건의료 협력체계 구축사업에서 필수보건의료 협력사업은 시도 공공보건의료위원회의

[그림 18] 지역사회 통합돌봄 선도사업 개요(노인 선도사업)

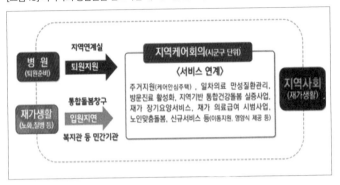

출처 : 보건복지부, 2020

의사결정을 실행하는 사업이다.

시도 공공보건의료위원회는 필수보건의료 분야 협력을 위한 관련 기관 역할 조정 및 의사결정 등을 수행하는 위원회로서 시도 차원의 공공보건의료 관련 최고 의사결정기구의 성격이 있다.

퇴원환자 지역사회 연계사업에서 공공의료, 공중보건, 돌봄 간 체계적 연계는 시도 차원에서 꾸준히 고민해야 하는 정책 사안이 되었다. 퇴원환자 지역사회 연계사업뿐만 아니라 필수 보건의료 협력사업 중 '재활의료 및 지속관리 협력사업', '산모, 신생아, 어린이 협력사업', '정신건강증진 협력사업' 역시 퇴원 후 지역사회 관리 및 돌봄 프로그램이 중요한 사업 영역 중 하

[그림 19] 지역사회 통합돌봄 선도사업 개요(정신질환자 선도사업)

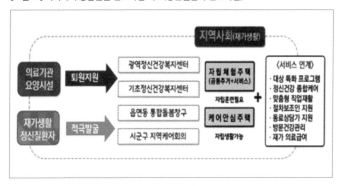

출처 : 보건복지부, 2020

나라는 점에서 향후 필수보건의료 협력사업과 통합돌봄체계와의 연계 지점은 더욱 확대될 가능성이 크다.

뿐만 아니라 2024년부터는 돌봄 자체가 필수보건의료 협력사업 영역으로 추가된다는 점에서 그 가능성은 더욱 커질 것이다. 또한 책임의료기관의 필수보건의료 협력사업은 지역사회 통합돌봄 연계사업으로 설정된 바 있는 '의료기관 퇴원환자 지역사회 연계사업', '의료급여 사례관리 강화 사업', '재가 의료급여 시범사업', '일차의료 왕진 수가 시범사업', '일차의료 만성질환관리 시범사업', '장애인 건강주치의 시범사업' 등과의 연계성도 높아 향후 커뮤니티 케어의 활성화에 적지 않은 기여를 할 것이다.

3) 찾아가는 보건복지 서비스

찾아가는 보건복지 서비스는 읍면동 보건복지 서비스 인프라를 강화하고 복지 위기가구를 선제적으로 발굴하여 신속한 자원 연계 및 지원을 하기 위한 사업으로 '현장 중심의 복지 서비스 역량 강화'를 비전으로 설정하였다.

이를 위해서 '찾아가는 보건복지팀'을 두는데 여기에는 간호인력 1인이 배치된다. 이때 간호인력은 복지인력과 협업하여 통합 사례관리를 수행하고 욕구 조사를 바탕으로 건강관리 및 보건의료 서비스 연계를 확대하는 역할을 한다.

찾아가는 보건복지팀 내 간호직 공무원의 소속은 읍면동으로 이들이 제공하는 건강 서비스는 건강상담 및 서비스 제공, 건강프로그램 운영, 복지 서비스 및 지역사회 건강자원 연계 등이다. 또한 지역사회 건강 관련 기관에서 신규 발굴한 대상 중 복지 서비스 연계가 필요한 대상을 읍면동 찾아가는 보건복지팀으로 연계하는 역할도 한다. 그리고 지역주민 건강 상태 파악, 건강 관련 지역 역량 파악, 마을건강복지를 위한 업무 계획 수립, 건강전문가로서 행정 내 협업을 주도하는 역할도 맡는다.

읍면동 간호직 공무원은 직접 서비스를 제공하는 인력이라기보다는 지역주민의 건강 욕구에 대하여 상담 및 사정, 정보 안내, 서비스 연계, 자원관리 등의 역할을 맡는 인력이다. 특히 읍면동 행정복지센터는 보건의료기관이 아니라는 점에서 제공할 수 있는 직접 서비스는 한계가 있다.

공중보건기관 중 보건소는 찾아가는 보건복지 서비스를 총괄·조정하는 시군구 희망복지지원단의 통합사례회의에 참여함으로써 지역 내에서 단기에 해결할 수 없거나 관내 여러 부서와 협업을 통해서 해결 가능한 사례관리에 기여한다. 읍면동에서 연계, 의뢰받은 대상자에 대해 정기적, 전문적 방문건강관리 서비스를 제공하고, 신규 대상자는 읍면동으로 연계 및 안내를 하는 역할을 한다.(행정안전부·보건복지부, 2023)

4) 노인 의료돌봄 통합지원 시범사업에서 공중보건기관의 돌봄

노인 의료돌봄 통합지원 시범사업은 2019년부터 진행된 '지역사회 통합돌봄 선도사업'에 대한 평가를 기반으로 2023년 7월부터 시행된 사업으로 요양, 건강관리, 일상생활지원, 주거 등 돌봄 서비스와 재가의료 서비스 연계를 통해 살던 곳에서 생애 말기까지 노후 생활이 가능하도록 하는 것을 목표로 한다.

이 사업의 추진 원칙은 중심성, 충분성, 협력성이다. 주요 내용은 대상자를 중심에 두고 각 사업과 서비스를 어떻게 종합 연계할지를 판단하여 각종 돌봄 서비스를 효율적으로 정비하여 적재적소에 충분히 배정하고 양질의 서비스 제공이 이루어지도록 전문인력 및 기관 간 협업체계를 마련하여 서비스를 제공 관리하는 것이다.

이 사업은 2023년 7월부터 2025년 12월까지 2년 6개월간 진행되는 사업으로서 광주광역시 서구, 북구, 대전광역시 대덕구, 유성구, 경기도 부천시, 안산시, 전라북도 전주시, 전라남도 여수시, 경상북도 의성군, 경상남도 김해시의 9개 시도 12개 시군구에서 진행 중이다.(보건복지부, 2003b)

이 사업의 전담조직은 노인통합지원센터로서 시군구 단위에 설치하는데 공중보건기관인 보건소는 핵심 연계기관으로 설정되었다. 보건소뿐만 아니라 또 다른 공중보건기관인 치매안심센터에는 통합안내창구를 설치하여 통합지원 대상자 발굴 및 의뢰를 수행한다. 통합안내창구는 대상자 상담 및 발굴, 선별평가 실시 및 대상자 의뢰, 시군구 통합지원회의 참여, 의료, 요양, 돌봄 서비스 제공 등의 역할을 한다.

주요 서비스 내용으로는 방문의료지원센터(팀) 운영, 퇴원환자 재가복귀 지원 서비스, 주거지원 서비스, 일상생활 지원 서비스이다.

보건소의 결합도가 가장 높은 서비스는 방문의료지원센터(팀) 운영으로 이 사업은 지역 내에서 방문진료를 단독으로 수행하는 의료기관의 의사와 시군구 노인통합지원센터, 보건소 등 공공의료기관에 배치된 간호사, 사회복지사들이 협력하여 방문의료 서비스를 제공하는 것이다.

이 사업은 75세 이상 노인 중 질병, 부상 등으로 인하여 진료를 받아야 하나, 보행이 곤란하여 환자, 보호자가 방문진료 요청을 한 노인을 대상으로 한다. 특히 대상자 중에는 급성기 퇴원환자도 포함되어 있어서 앞에서 언급한 책임의료기관의 퇴원환자 지역사회 연계사업과 관련성이 매우 높다.

이 서비스의 주요 내용은 대상자 건강 상태 평가, 방문의료 서비스 계획 수립 및 제공, 지역사회 자원 연계 상황 공유, 팀 사례회의 개최이다. 방문의료 서비스는 방문진료와 방문간호로 이루어지는데 월 1회 이상 의사가 방문하여 진료 및 처방, 검사·처치 등을 수행하고 의사의 지시에 따라 월 2회 이상 방문간호 서비스가 제공된다.

퇴원환자 재가복귀 지원 서비스의 대상은 최근 2주 이내 골절, 낙상 등 수술 후 급성기 병원에서 퇴원하는 환자 및 요양병원과 재활병원에서 퇴원한 환자 중 75세 이상으로 재가 복귀 시 의료 및 돌봄 서비스 필요도가 높은 자들이다. 이 사업은 책임의료기관의 퇴원환자 지역사회 연계사업과 바로 연결되는 사업이다.

또한 노인 의료돌봄 통합지원 시범사업의 연계 가능 서비스 중 공중보건기관과의 연계성이 높은 사업은 보건소 방문건강관리 서비스, AI·IoT 기반 어르신 건강관리, 치매안심센터의 치매 관리, 급성기 환자 퇴원 지원 및 지역사회 연계 활동, 책임의료기관의 퇴원환자 지역사회 연계사업 등이다. 공중보건기관들은 다양한 사업을 통해 노인 의료돌봄 통합지원 시범사업을 활성화하는데 기여하게 된다.(정백근 외 2021)

4장

시사점 및 과제

1. 쟁점 및 과제

1) 공중보건 위기 상황에서 돌봄 제공 역량 강화

코로나19 팬데믹으로 인해 돌봄의 공백뿐 아니라 공중보건의 공백이 동시에 생겼다. 특히 공중보건이 건강 돌봄 활동이라는 점을 감안할 때 신종감염병 공중보건 위기가 오히려 공중보건의 건강 돌봄을 중단시키는 역설적인 상황을 목격한 바가 있다.

보건소는 지역 내 건강위험군과 만성질환군을 대상으로 수행하던 방문보건사업과 건강증진사업을 축소하였으며 취약계층 대상 사업인력은 코로나19 방역에 우선 배치하였다. 코로나19 유행 상황에서 일개 보건소 업무 중단 및 축소사례를 보면 돌봄에 해당하는 치매와 건강증진 프로그램, 치매관리사업, 영양플러스사업, 방문건강관리 업무가 축소되거나 중단되었

다.(윤강재 외, 2022)

공공병원들 역시 코로나19 대응을 위해 감염병 전담병원으로 전환함으로써 필수의료 제공 및 취약계층 의료안전망 역할, 퇴원환자들의 지역사회 연계 등의 업무를 제대로 수행하지 못하였다. 공중보건 위기 상황에서 공중보건기관의 건강 돌봄 업무의 중단은 단순히 보건의료만의 문제는 아니다. 앞서 살펴보았듯이 공중보건기관들은 건강 및 보건의료 영역에 국한되지 않는 다양한 돌봄의 영역에 기여한다. 공중보건기관들의 업무 축소는 전반적인 돌봄 역량에 부정적으로 작용한다. 신종감염병 공중보건 위기가 이제는 상수가 된 이상 공중보건 위기가 발생해도 공중보건기관의 건강 돌봄 업무가 중단되지 않도록 대책을 마련해야 한다.

2) 공중보건자원의 확충

코로나19 위기 상황에서 공중보건기관들의 건강 돌봄 활동의 중단에는 여러 가지 원인이 있다. 그중 가장 핵심적인 원인은 공중보건 자원의 부족이었다. 우리나라는 민간이 주도하는 치료 중심적 보건의료체계로서 예방과 건강증진을 위한 정책 수 단이 부족하고 공공의료도 취약하다.

코로나19 당시 보건소는 선별 진료와 검체 채취의 상당 부분을 전담함으로써 공중보건 위기 대응에서 중요한 역할을 하였지만 이후 자원 확충 등 실질적인 정부 지원 대책은 없었다.

코로나19 사태를 계기로 질병관리본부를 질병관리청으로 승격시키고 보건복지부에 복수차관제가 구현되는 등 중앙정부의 보건당국에는 큰 변화가 있었다. 또한 일부 시도의 경우에는 감염병을 전담하는 과 단위 조직을 만들거나 건강과 보건의료를 전담하는 국 단위 조직을 만드는 등의 변화도 있었다.

그러나 중앙정부와 광역 지방정부의 신종 감염병 대응과 관련된 계획 속에 보건소를 포함한 지역보건의료기관들의 개혁 및 자원 확충 방안은 빠져 있었다. 이런 상황에서 2022년 9월에 발표된 '보건소 감염병 대응 강화대책 추진방안'에서는 보건소에 감염병 전담 과 또는 팀 구성, 감염병 관리 행정체계 재정비, 보건소 핵심기능 재정립, 디지털 헬스케어를 통한 행정 효율화 등의 대안을 제시하였다.(보건복지부, 2022)

이때 보건소 핵심기능 재정립의 골자는 보건소는 기획과 행정업무 및 위기 대응 기능 중심으로 역할을 전환하고 보건지소, 건강생활지원센터 등 하부기관이 의료취약지 진료 및 건강증진사업을 담당한다는 것이었다. 그러나 이런 방향이 구현되기 위한 전제는 건강생활지원센터 등 소지역 공중보건기관 및 이 기관에 근무하는 공중보건인력의 양적 확충이다. 만약 이러한 전제가 충족되지 않는다면 공중보건 역량의 축소는 불가피

하다.

보건소의 기능은 진료나 공중보건 서비스와 같은 직접 서비스를 제공하지 않는 것으로 조정되었지만 이를 보완할 수 있는 하부기관의 확충이 없다면 공공부문의 공중보건 서비스는 축소될 수 밖에 없다. 특히 '보건소 감염병 대응 강화대책 추진방안'에서는 보건소의 일부 기능을 민영화한다는 방침도 포함되어 있어 우려를 자아낸다. 또한 추진 방안에서 행정 효율화 이유로 인력 확충보다는 시설, 장비 확충을 중심에 두고 있어 공중보건기관의 돌봄 기능이 강화되기 보다 오히려 약화될 가능성을 우려하게 된다.

공공의료 부문도 상황은 마찬가지다. 우리나라는 경제개발협력기구 국가들 중 인구당 병상 수가 가장 많은 나라의 하나임에도 불구하고 전체 의료기관에서 공공의료기관이 차지하는 비중과 공공병상은 최하위 수준이다. 이런 상황에서 공공의료기관들은 코로나19 환자 진료의 80% 이상을 담당하였다.(윤강재, 2021) 특히 책임의료기관 체계하에서 지역책임의료기관으로 지정된 지방의료원과 적십자병원들의 기여는 컸다.

그러나 이들 병원들이 감염병 전담병원으로 전환되면서 이들이 담당했던 의료 안전망 역할 등 돌봄 기능들은 중단되었다. 특히 책임의료기관들은 퇴원환자 지역사회 연계사업 등 그 자체로 통합돌봄 성격이 강한 사업들을 책임지는 기관들일 뿐만 아니라 커뮤니티 케어를 활성화시킬 다양한 자원들을 가진 기관들이다.

앞으로 신종감염병 공중보건 위기가 주기적으로 도래할 것을 감안할 때 공공병원의 확충이 없다면 전반적인 돌봄 역량에 문제가 생길 가능성이 증가한다. 공중보건 위기를 전제하지 않더라도 지역사회 돌봄의 강화와 관련하여 공공의료의 확충은 반드시 해결해야 할 과제이다.

3) 공중보건의 공공성 강화

신자유주의는 건강과 보건의료 영역도 예외로 두지 않는다. 특히 국가의 책무성이 유지되어야 하는 공중보건 영역도 예외는 아니다. 공중보건에 대한 국가의 책무성 축소는 건강증진, 의료 이용, 의료비 부담의 모든 측면에서 개인의 책임성을 강화한다. 이런 경향들은 우리도 마찬가지이다.

앞서 언급했듯이 우리나라는 공공의료가 취약한 국가이다. 이런 상황을 극복하고 지역 간 필수의료 이용 및 건강 격차를 해소하기 위해 정부는 제2차 공공보건의료 기본계획에서 신축, 이전 신축, 증축 등을 통하여 지역거점 공공병원 20개소를 확충, 강화하겠다는 목표를 제시하였으나 2022년에는 이 목표가 12개소로 축소되었다.

그러나 신축이 가시화되었던 울산의료원과 광주의료원이 예비타당성 조사를 통과하지 못하여 지방의료원이 하나도 없는 두 지역의 공공병원 설립이 좌절되었다. 공공정책수가를 통해 필수의료를 강화하기 위한 정책을 추진하지만 전체 보건의료기관의 90% 이상이 민간의료기관이라는 점에서 공공정책수가의 편익은 민간부문에 집중될 가능성이 크다.

최근에는 필수의료가 공공의료라는 단어를 대신하면서 정부의 공식적인 정책문서에서 공공의료 또는 공공보건의료가 거의 사라졌다. 게다가 2023년 10월에 발표된 '필수의료 혁신전략'에서는 지역, 필수의료 위기 극복의 주요한 장애가 공공병원 확충 위주의 접근이라고 평가하면서 노골적으로 공공의료 확충을 부정적으로 평가한다.(보건복지부, 2023c)

코로나19에 전면적으로 대응했던 지역거점 공공병원들에 대한 코로나19 손실보상금을 중단하고 지역거점 공공병원 강화 예산을 지속적으로 축소하는 등 정부의 공공의료에 대한 책무성에 대한 인식이 급격히 저하되었다.

급기야 '필수의료 혁신전략'에서는 국립대병원에 대한 규제 혁신을 통하여 탄력적 인력 확충을 허용하고 산학협력단을 설치할 수 있도록 하였는데 이는 국립대병원들이 지속적으로 공공기관 지정 해제를 건의하고 의사 인건비를 총액인건비에서 제외해 달라는 요구를 한 것에 대한 정부의 응답으로 보인다.

사실상 국립대병원을 사립대병원과 거의 동일한 방식으로 운영하게 해 주는 조치라는 점에서 국립대병원의 민영화 심화로 연결될 가능성이 크다.

이 전략에서는 권역책임의료기관의 공공병원 위탁 운영을 공공보건의료 협력 모델로 권고하고 있는데 권역책임의료기관 중에는 사립대학교 병원도 있다는 점에서 이것이 전반적인 공공보건의료체계의 민영화로 이어진다는 우려가 크다. 권역책임의료기관 16개소 중 14개소가 국립대병원이라는 점에서 앞서 언급한 국립대병원 규제 완화 조치에 의해 국립대병원의 민영화가 심화되면 권역책임의료기관의 공공병원 위탁 운영 전면화는 전체 공공보건의료체계의 공공성 약화로 이어질 가능성이 커진다.

다른 한편 보건소를 비롯한 지역보건의료기관이 주로 담당했던 공중보건사업 영역의 공공성 약화도 심화되었다. 우리나라 같이 공중보건이 취약하고 의료의 상업화가 극심한 상황에서는 공중보건의 의료화는 임상화, 영리화로 자연스럽게 이어질 우려가 있다.

공중보건 의료화의 대표적인 예는 이전에 보건소가 담당했던 금연사업을 금연치료라는 이름으로 병의원의 역할을 강화하는 것인데 임상화는 문제를 개인에 초점을 맞추고 사회적 환경과의 연관성을 제거하게 된다. 이 과정에서 사회정의 및 형평성, 시민사회의 자치와 권력 강화, 민주주의, 참여와 파트너십, 부문 간 협력, 건강의 사회적 결정 요인에 대한 개입 등과 같은 공중보건의 원칙은 견지되기 어렵다.

또한 정부는 비의료 건강관리 서비스 시범사업을 실시하고 있는데 비의료 건강관리 서비스 업체가 제공하는 건강관리 서비스는 보건소를 중심으로 하는 지역보건법상의 지역보건의료기관들이 시행하고 있는 지역사회 통합건강증진사업이나 심뇌혈관질환 예방관리 사업과 정확히 일치한다. 비의료 건강관리 서비스가 본격적으로 시행될 경우 보건소의 해당 사업의 입지는 더욱 축소될 것이다.

만약 보건소의 기능이 기획 및 행정 중심으로 재정립되는데 하부기관의 확충이 이루어지지 않으면 비의료 건강관리 서비스 업체가 지역보건의료기관이 주로 담당했던 공중보건을 장악할 가능성이 대두된다. 특히 비의료 건강관리 서비스 업체 중 일부는 민간 보험자본과 연결되었다는 점에서 공중보건의 개인화, 시장화는 더욱 심화될 것이다.(권시정 외, 2023)

공중보건기관의 민영화 및 공중보건기관이 담당했던 사업 영역의 시장화는 관계에 기반한 공중보건을 약화시키며 공동체의 공중보건 역량을 침식시킨다. 결국 이런 변화는 건강 돌봄을 포함하는 사회의 돌봄 역량을 약화시키면서 궁극적으로는 돌봄의 개인화, 시장화로 이어지게 된다. 이에 대응하는 유일한 방안은 공중보건의 공공성 강화이다.

4) 사회권력의 역할 강화

사회의 여타 영역과 마찬가지로 공중보건 역시 국가권력, 경제권력, 사회권력의 각축과 경합, 투쟁, 협력, 공모와 상호작용의 결과라고 해석해야 한다.

우리나라에서 국가권력은 공중보건에 대한 책무성을 시장으로 이전함으로써 공중보건을 시장화한다. 경제권력이 공중보건에 들어오는 것을 방해하는 규제를 완화하고 다른 한편으로는 적정 규모의 이용자와 이윤을 보장으로써 경제권력의 진입을 촉진하는 법적, 제도적 환경을 구축하는 과정을 통하여 이를 실행한다.

또한 경제권력은 국가권력이 마련한 시장에서 공중보건을 상품화하고 개인의 건강 욕망을 충족시키는 '개인 맞춤형 서비스'를 생산함으로써 이윤을 획득하기 위한 노력을 진행한다. 이 과정에서 공중보건은, 시장 실패가 발생하기 때문에 정부가 적극적으로 개입해야 하는 영역이 아니라 자본 축적을 위한 새로운 시장으로 진화해 간다. 공공성의 행위 주체를 전제로 하는 공중보건의 본질이 훼손되고 해당 영역에서 사회권력의 주체화는 어려움을 겪는다. 또한 현실에서 공중보건으로 인해 겪는 사람들의 고통은 지워진다.

공중보건이 건강과 관련된 것이라는 점에서 일반 대중은 공급자에 의존하기 쉽다. 건강 및 보건의료의 특성 때문에 공중보건 영역의 의사결정은 시민사회가 배제된 채 관료적, 전문가적 의사결정이 지배해 왔다.(김미, 민현정, 2004: 김창엽, 2019)

그러나 공중보건이 사람들의 삶과 일상에 미치는 영향력이 커지고 건강권에 대한 시민사회의 인식이 높아짐에 따라 공중보건에 대한 시민참여와 사회적 통제에 대한 요구가 커진다.(권시정 외, 2023) 더군다나 공중보건 영역에서 국가권력과 경제권력의 영향력이 커지고 건강의 주체인 시민사회가 배제되는 이 상황은 시민사회 구성원들의 삶과 건강이 목적이 아니라 국가와 자본의 권력 강화를 위한 수단이 된다는 점에서 공중보건에서 사회권력의 주체화는 더 이상 미룰 수 없는 일이다.

돌봄이 중요한 건강 결정 요인이고 공중보건 자체가 돌봄의 한 영역이라 할 때 공중보건에서 사회권력의 주체화는 건강 및 건강 결정 요인에 대한 시민사회의 의사결정 권한 및 통제력을 강화하는 방안이다. 이는 사람 중심 돌봄을 구현하는 중요한 전략이기도 하다.

5) 분권적 공중보건 체계

우리나라는 건강보험을 중심으로 하는 중앙집권적 재정, 수익을 추구하는 민간 중심 보건의료체계로 인해 건강 및 보건의료에 대한 지방정부의 책무성이 구현되기 어렵다. 이런 특성은 지역의 공중보건과 돌봄을 중심으로 주민 참여 및 사회권력 강화를 더욱 어렵게 하는 요인으로 작용한다.

공중보건 및 돌봄과 관련된 문제는 삶의 구체적 공간에서 발생한다는 점에서 중앙정부 중심의 공중보건 및 돌봄 정책으로는 사람들의 고통이 해결될 가능성이 작다. 특히 중앙정부의 정책은 흔히 특정 표준을 각 지역에 이식하는 방식으로 이루어진다는 점에서 보편적 접근은 가능하지만 지역의 구체적인 문제를 해결하기는 어렵다.

그렇다고 해서 지방정부에 모든 권한을 이전하는 것이 문제 해결의 방향이 되지도 않는다. 지역 정치는 지역개발 정치로 변모된 지 오래되었고 공중보건과 돌봄의 정책 우선순위도 낮다. 최근 인구 고령화와 지역 위축으로 인한 공중보건 및 돌봄 취약성 증가가 중요한 정책 문제로 대두되면서 건강 및 돌봄의 정책 우선순위가 이전보다 높아진 것도 사실이다.

그러나 이들 문제가 '취약한 인간의 필요에 응답하는, 모든 인간의 삶에서 필수불가결한 실천이자 가치'라는 측면에서 다루어지기보다는 통치의 차원에 국한되어 왔다.(김희강, 2018) 이런 상황에서 사람들의 고통에 응답하고 실질적으로 그 고통을 유발하는 문제를 해결하는 사람 중심의 공중보건 및 돌봄 체계가 구현되기는 어렵다.

분권적 공중보건 및 돌봄을 구현하기 위해서는 결국 지역의 권한 강화가 필요한데 이것은 단순히 중앙정부의 권한을 지방정부로 이전하는 것에 그치는 것이 아니라 최종적으로는 지역 시민사회의 권한 강화로 이어져야 한다.(권시정 외, 2023)

분권적 공중보건 체계는 주민 참여 및 사회권력 강화에 기반한 공중보건체계를 구현하기 위한 또 다른 전략이다. 이런 전략이 구체적으로 이행될 때 지역 간 건강 및 돌봄의 불평등 문제도 해결될 것이다.

2. 향후 발전 방향

1) 주민건강센터 확충

보건소 인력 확충은 제대로 되지 않는 상황에서 수행해야 할 업무는 지속적으로 늘어나고 있어 보건소만으로 시군구 단위의 인구 집단의 건강관리를 효과적으로 수행하는 것은 불가능한 상황이 되었다. 특히 감염병 공중위기 상황에서는 대부분 보건소 직원들이 감염병 대응에 투입됨으로써 건강증진 및 질병관리사업을 비롯한 대부분 공중보건사업은 거의 중단될 수밖에 없었다.

보건소의 자원 확충은 지속적으로 시도하되 보건소의 기능과 역할을 새롭게 조정할 필요가 있다. 향후 보건소는 직접 서비스 제공을 지양하고 기획 및 질병 관리 기능을 총괄하고 규제 및 행정 기능과 집단 대상의 보건사업을 추진하는 조직으로 새롭게 변모해야 한다. 그뿐만 아니라 데이케어센터를 운영함으로써 치매안심센터, 정신건강복지센터 등이 수행하는 주간보호 및 지역사회 재활센터 기능을 통합하는 역할을 수행할 수 있어야 한다.

대신 기존에 보건소가 수행하던 건강증진 및 질병 관리 서비스는 주민건강센터를 통하여 제공하도록 체계를 구축할 필요가 있다. 이를 위해서는 읍면동 단위에 건강생활지원센터를 중심으로 하는 주민건강센터를 꾸준히 확충해야 한다. 이들 기관을 중심으로 사례관리 및 연계, 방문 서비스를 포함한 노인을 대상으로 하는 포괄적인 건강관리 서비스 제공, 대사증후군 등 고위험군 건강관리 서비스 제공, 지역사회 통합건강증진 서비스 제공, 일차의료기관과의 연계를 바탕으로 한 만성질환자 교육 및 행태 개선사업을 주도하도록 해야 한다. 특히 주민건강센

[그림 20] 커뮤니티케어 상에서 지역보건의료기관의 결합 모형(건강생활지원센터 중심)

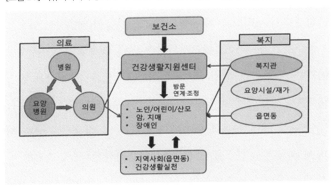

출처 : 조희숙 등, 2018

터는 커뮤니티 케어가 보편 서비스가 될 것이라는 점을 전제한
다면 보건의료 영역의 핵심 기관으로서 역할을 담당해야 한다.

2) 방문건강관리 서비스 인력 확충 및 읍면동 간호직 공무원 간 역할 분담

주민건강센터를 중심으로 하는 지역보건의료기관 확충은 방
문건강 간호인력 확충과 같이 진행되어야 한다. 특히 방문건강
관리 서비스는 커뮤니티 케어에서 공중보건기관의 핵심 활동
이라는 점에서 이는 공중보건기관의 건강 돌봄 역량 강화에서
그치는 것이 아니라 전반적인 커뮤니티 케어의 활성화에서도
중요한 의미를 가진다. 그럼에도 불구하고 방문건강관리 인력

부족 때문에 현재 설치되어 있는 주민건강센터들 중에서도 방문건강관리 서비스를 제공하지 않는 기관들이 많다.

공중보건기관의 방문간호 서비스 인력의 확대는 읍면동 '찾아가는 보건복지 서비스'의 활성화와도 밀접한 연관성을 가진다. 현재 읍면동에 배치되어 있는 간호직 공무원은 사례 발굴 및 연계를 주로 하는데 이들이 발굴한 사업 대상자에 대한 서비스 제공은 보건소를 중심으로 하는 지역보건의료기관의 방문간호 인력들이 수행한다. 이런 상황에서 지역보건의료기관의 방문간호 인력의 확대가 전제되지 않는다면 읍면동 간호직 공무원들이 사례를 발굴하더라도 제대로 된 케어가 보장되지 않는다. 당장 지역보건의료기관의 방문간호 인력 확충이 어렵다면 지역보건의료기관 방문간호 인력과 읍면동 간호직 공무원 간 합리적인 업무 분담 및 연계가 필요하다.

경상남도 공공보건의료지원단이 수행한 연구(2021)에 의하면 2020년까지는 읍면동 간호직 공무원의 소속이 보건소이고 근무지만 행정복지센터였으나 2021년 행정안전부의 방침에 따라 이들의 소속 및 근무지가 모두 행정복지센터로 전환되었다. 이에 따라 신규 인력 채용이 증가되었는데 이들의 경험 부족 때문에 읍면동 간호직 공무원들의 건강 사정, 자원 연계 역량이 취약해진 상황이다.

또한 읍면동 간호직 공무원은 사회복지 공무원과 같은 팀에

소속되어 업무를 진행하는 과정에서 복지직 공무원의 업무를 대신 수행하는 경우도 많았다. 읍면동 간호직 공무원은 방문상담 및 건강 모니터링, 자원 연계를 수행하는데 이것은 지역보건의료기관의 방문건강관리사업과 중복된다.

읍면동 간호직 공무원의 역할을 고유 업무 중심으로 강화하되 서비스 요구도가 높은 집중관리군과 정기관리군은 지역보건의료기관의 방문간호 인력이, 상대적으로 안정적 건강 상태를 유지하고 있어 6개월마다 1회 이상 방문 및 전화상담을 통해서도 관리가 가능한 자기역량지원군은 읍면동 간호직 공무원이 수행하는 방안을 검토할 필요가 있다.

또한 지역보건의료기관의 방문건강관리 서비스에서 진행하는 보건소 외 연계 서비스는 읍면동 간호직 공무원에게 의뢰하여 효과적인 자원 연계가 이루어지게 할 필요가 있다. 이런 방향으로 지역보건의료기관의 방문간호 인력과 읍면동 간호직 공무원의 업무 분담이 이루어진다면 전반적인 돌봄 역량이 강화될 것으로 판단된다.

3) 공공의료 확충

공공의료의 확충 역시 공중보건기관의 건강 돌봄 강화 및 전반적인 커뮤니티 케어 체계 활성화에 기여할 것이다. 특히 책임의료기관 중심의 공공보건의료 협력 체계하에서 진행되는 퇴원환자 지역사회 연계사업을 포함한 필수보건의료 협력사업 중에는 그 자체로 커뮤니티 케어의 일환으로 진행되는 사업이 있을 뿐만 아니라 커뮤니티 케어 체계와의 연관성이 매우 높은 사업들이 많다.

또한 필수보건의료 협력사업은 시도-시군구-읍면동의 수직적 협력 체계뿐 아니라 관련 기관들의 수평적 협력 체계를 기반으로 한다는 점에서 책임의료기관의 필수보건의료 협력사업이 커뮤니티 케어 체계 내에 잘 배치된다면 지역 차원의 통합적 돌봄의 확대 및 강화에 크게 기여할 것으로 보인다.

문제는 책임의료기관 중심의 공공보건의료 협력 체계가 얼마나 안정적으로 구축될 수 있는가이다. 현재 권역책임의료기관은 충청남도를 제외하고 모두 지정되었으나 전국 70개 중진료권을 책임지는 지역책임의료기관의 지정이 진척되지 못하고 있다.

지역책임의료기관의 경우 역량 있는 공공병원과 민간병원이 모두 없는 지역은 공공병원 신축을 통해서 지역책임의료기관을 지정한다는 원칙이 있었으나 포괄적인 이차의료를 제공할 수 있는 공공병원이 하나도 없는 광주광역시와 울산광역시의 지방의료원 설립이 무산되었다. 이 두 광역시의 경우 해당 진료권에 역량 있는 민간병원의 존재 여부에 의한 평가 결과도 없는 상황에서 향후 책임의료기관 체계를 어떻게 구성할 것인지에 대한 장기적인 계획도 없다.

'필수의료 혁신전략'에서는 공공의료 확충 정책에 대한 정부 차원의 부정적 평가를 포함할 뿐 아니라 지역책임의료기관 확대 지정에 대한 정부 차원의 계획이 실종된 상황이라는 점에서 공공의료 확충이 어려울 가능성이 컨진 상황이다.

2023년 8월에 발표된 제3기 병상 수급 기본시책에서는 병상 공급이 과잉 또는 조정지역으로 분류된 권역 및 중진료권에는 기본적으로 병상 공급을 제한한다는 발표를 하였다.

관련 자료에 따르면 급성기 병상 공급이 필요한 권역은 제주특별자치도가 유일하며 나머지 16개 시도 권역은 모두 병상 과잉 및 조정 지역이었다. 중진료권으로 보더라도 인천남부(연수구, 남동구), 수원(수원, 오산, 화성), 성남(성남, 용인, 광주, 하남), 안양(안양, 과천, 의왕, 군포), 춘천(춘천, 홍천, 화천, 양구, 철원), 구미(구미, 칠곡, 김천, 성주, 고령), 서귀포를 제외하면 모두 병상 과잉 및 조정 지역으로 이들 지역에는 급성기 병원 설립 또는 기존 급성기 병원 병상 증설이 제한되는 것이다.

하지만 병상 공급 과잉 및 조정을 판단하는 병상 수에는 포괄적인 이차의료를 제공하기 힘든 300병상 미만 병원의 병상이 모두 포함되어 있다. 기존에 계획되었던 300병상 이상의 공공병원 설립과 기존 공공병원의 병상 증설을 통한 양질의 이차의료 서비스 제공 계획이 이번 조치에 의하면 더 어려워질 것으로 보인다.

현재 정부는 공공정책수가 등 민간의료기관 지원을 통해 필수의료를 강화하겠다는 입장을 가지지만 민간의료기관은 본질적으로 공공보건의료 강화를 목적으로 설립된 기관이 아닐 뿐 아니라 수익성이 낮다면 서비스를 제공할 가능성은 매우 적다. 그러므로 사회구성원들의 건강 및 돌봄에 필수적인 서비스라 할지라도 해당 서비스의 수익성이 보장되지 않는다면 사회의 돌봄 체계가 강화되기 힘들 것이다.

책임의료기관 중심의 공공보건의료 협력체계 구축은 중단 없이 진행되어야 하며 이와 함께 해당 기관들의 건강 돌봄 기능의 강화, 커뮤니티 케어 체계와의 연계 강화가 구현되어야 한다. 제3기 병상 수급 기본시책의 병상 관리 방침이 가지는 긍정적인 효과를 유지하면서 지역 간 필수의료 공급 격차를 해소하기 위한 책임의료기관 확충 계획을 추진하는 정책 조율이 필요하다.

국립대병원에 대한 규제 완화 조치와 이와 함께 진행되는 권역책임의료기관의 공공병원 위탁 운영 방침은 철회되어야 한다. 국립대병원은 시도 차원의 공공보건의료 협력 및 필수의료 조정 및 연계를 책임지는 기관으로 매우 강한 책무를 가져야 한다. 그리고 국립대병원을 권역책임의료기관으로 육성 발전시키기 위한 정부의 책무도 동시에 강화되어야 한다. 지금처럼 국립대병원 규제 완화를 통하여 사립대병원과 차별성이 없는 기관으로 운영되게 하는 것을 전제로 공공병원의 위탁·운영을 전면화한다면 전체 공공보건의료체계의 공공성이 약화될 것이다.

건강과 돌봄이 보편적인 필요라 할 때 건강 및 돌봄 필요에 대한 충족은 수익성 여부에 의해서 결정되어서는 안 된다. 공공의료의 공공성 강화에 기반한 양적 확충은 그 자체로 건강과 돌봄의 공공성을 강화하는 전략이다.

4) 공중보건과 커뮤니티 케어 체계 간 연계 강화

공중보건을 담당하는 보건복지부 조직은 제2차관 산하에 보건의료정책관, 공공보건정책관, 건강보험정책국의 필수의료지원관, 건강정책국으로 구분된다. 공중보건기관을 크게 지역보건의료기관을 중심으로 하는 공공보건기관과 공공병원을 중심으로 하는 공공의료기관으로 구분할 때 공중보건의 체계적 연계도 아직 미흡한 부분이 많다.

예를 들면 책임의료기관의 퇴원환자 지역사회 연계사업은 공공보건정책관이 담당하지만 지역사회에서 퇴원환자를 관리할 보건소의 업무는 건강정책국이 담당한다. 실제 퇴원환자 지역사회 연계사업 초창기에는 보건소가 이 사업에 적극적으로 결합하지 못했는데 그 이유는 건강정책국이 이 사업을 조직의 업무로 포함하지 않았기 때문이다.

지역사회 통합돌봄 선도사업을 추진하였고 현재 노인 의료 돌봄 통합지원 시범사업을 담당하는 보건복지부 통합돌봄추진단은 제1차관이 담당하고 있는 노인정책관 산하 노인정책과에 설치되어 있다. 하지만 노인정책관은 치매 등 노인건강을 담당하지만 공중보건과 직접적인 연계성이 있는 사업을 담당하는 부서가 아니다.

이런 상황들은 지역사회 통합돌봄 선도사업에서 찾아가는 밀착형 보건의료 서비스, 주기적인 건강관리 등 공중보건의 주요 사업 영역이 통합돌봄사업과 체계적으로 연계되지 못한 주요한 원인으로 작용한 것으로 판단된다. 특히 보건복지부의 복수 차관제는 기존의 보건복지부 내 정책 추진 체계의 분절성을 더욱 강화한 것으로 보인다.

중앙정부 차원의 행정 칸막이는 그대로 지방정부로 이전되어서 공중보건과 통합돌봄 간의 연계를 어렵게 한다. 통합돌봄과 관련된 업무는 주로 지방정부의 사회복지 담당 부서에서 맡는 상황에서 공중보건을 포함한 보건의료 연계가 체계적으로 이루어진 사례는 드물다. 시도 및 시군구의 공중보건당국이 지역사회 통합돌봄 정책 수립 및 집행 영역에서 배제되어 있어

정책 및 사업 추진 체계에서 협력이 제대로 이루어지지 못한 것이 주된 원인이다.

이와 더불어 통합돌봄 영역에서 공중보건을 담당할 주민건강센터와 같은 기관들이 읍면동 단위에 충분하지 않기 때문에 설사 협력이 가능하다 하더라도 서비스를 제공하는 풀뿌리 단위의 공중보건기관이 부족한 것도 통합돌봄이 구현되지 못하는 중요한 요인으로 작용하였다.

책임의료기관의 퇴원환자 지역사회 연계사업에 활용되는 공공의료 연계망과 지역보건의료기관의 지역보건의료 정보시스템, 행정복지센터의 행복e음 간의 연계가 되지 않는 등 정보 연계 및 공유에 기반한 단절 없는 서비스 연계 기반이 마련되지 않은 것도 통합돌봄의 성공적 안착을 가로막는 요인으로 작용한 것으로 판단된다.

이런 행정적 분절성은 기술지원의 분절성과도 연관되는데 통합돌봄을 지원하는 기술지원조직과 공공의료, 공공보건의 기술지원조직 간의 분절로 인한 영세성, 중복 등의 비효율성 역시 통합돌봄을 구현하는 데 장애 요인으로 작용하였다.

이런 상황들을 극복하기 위해서는 기본적으로 공중보건 내 공공보건과 공공의료 간 분절성을 극복하고 이에 기반하여 통합돌봄의 구성 요소 간 통합을 구현하는 행정체계 및 기술지원체계를 재정비해야 한다. 이런 체계를 구현하는 조직 및 인력의 배치, 역량 강화 및 정보 연계 시스템이 뒷받침되어야 한다.

이와 함께 지방정부의 권한과 책임이 강화되어야 한다. 실제로 커뮤니티 케어는 생활터에서 작동해야 한다는 측면에서 지방정부의 관련 의사결정 및 실행 권한이 획기적으로 강화되어야 하는데 이를 위해서는 공중보건 및 돌봄 영역의 행정분권과 재정분권이 구현될 필요가 있다. 특히 재정분권의 측면에서는 목표 설정에 기반하여 건강보험 재정 및 일반예산 및 기금, 노인장기요양보험 재정이 통합된 포괄예산으로 배분되어야 한다.

5) 참여에 기반한 공중보건 및 돌봄 체계 구축

참여는 공중보건 및 돌봄 체계에서 주민 공동체의 주체화를 구현하는 전략이다. 세계보건기구는 건강증진을 위한 생활터 기반 접근법의 핵심원칙을 참여, 파트너십, 권한 강화, 형평성 4가지로 제시하면서 이 중 가장 중요한 원칙을 참여라고 하였다.

공중보건의 본질이 건강을 위한 공동체의 노력이고 이런 노력은 사람들이 일상을 보내는 생활터에서 이루어져야 한다는 차원에서 공중보건의 가장 중요한 원칙 역시 참여라 할 것이다. 공중보건에서 참여를 지속적으로 강조하는 이유는 건강과 공중보건의 주체인 시민사회 공동체가 배제된 상태에서 의사결정 및 실행이 이루어지는 경우가 많고 이 때문에 사회권력이 건강과 관련된 결정 권한과 통제 권한을 상실하였기 때문이다.

우리나라 보건의료체계의 사적 성격은 국가권력과 시장권력, 전문가 권력의 협력과 타협의 산물로서 시민사회의 배제와 희생에 근거한 것이다. 공중보건체계의 공공성 강화는 공중보건체계를 지배하는 권력의 반공공성과 반민주성을 어떻게 통제하고 견제하는가에 달렸다고 해도 과언이 아니다. 이를 위해서는 사회권력의 참여가 구현되어야 한다.

우선 제도화가 필요하다. 제도화가 유토피아적 상상력을 줄이는 측면이 있다는 평가가 있으나 제도화된 공간이 없다면 참여의 지속성을 보장받기 어렵다. 공중보건기관의 운영 및 주요 의사결정과 관련된 위원회 조직에서 시민사회 참여를 제도화하기 위한 노력을 하고 이미 구축된 참여 기전에서는 시민사회 대표성을 보장받기 위한 노력을 해야 한다.

이 과정에서 주민 참여를 조직의 운영원리로 하는 공중보건기관들을 확충해야 한다. 건강생활지원센터와 건강증진형 보건지소와 같은 주민건강센터는 핵심 운영원리를 주민 참여로 설정한다는 측면에서 주민건강센터의 지속적 확충은 전반적인 돌봄 역량 강화에 그치는 것이 아니라 참여에 기반한 공중보건 체계를 구축하는 과정이기도 하다.

지역거점 공공병원을 비롯한 공공병원들은 공공보건의료계획 및 시행 결과 평가, 지역거점 공공병원 운영평가 등 공식적인 평가 항목에서 주민 참여를 평가한다. 실질적 평가를 통해 주민 참여에 기반한 공공병원 운영을 구현할 필요가 있다. 주민 참여에 기반한 공중보건기관의 운영은 공중보건기관들이 실질적으로 지역주민들의 건강과 돌봄에 헌신하게 하는 기반이 될 뿐 아니라 공중보건기관 운영 및 사업의 공공성 약화 및 민영화에 저항하는 기반이 될 것이다.

6) 분권에 기반한 공중보건 및 돌봄 체계 구축

분권은 지역의 공중보건 및 돌봄 관련 사안에 대한 지방정부의 책무성을 강화하는 전제 조건일 뿐만 아니라 참여에 기반한 공중보건 및 돌봄 체계 구축을 보다 활성화하는 조건이 될 것이다.

특히 비수도권 중소도시와 농촌 지역은 지속적인 인구 감소에 의해 소멸 위험도가 증가하고 있으며 이에 따라 공중보건과 돌봄의 취약성도 심화되었다. 이런 상황에서 지방정부의 정책 우선순위에서 건강, 보건의료, 돌봄 영역이 높아지며 해당 문제에 대한 지방권력의 책무성도 강제된다.

이런 상황에 기반하여 보건복지부 역시 건강 및 보건의료에 대한 책무성을 높이기 위한 정책들을 추진하였다. 대표적인 것이 시도 공공보건의료위원회이다. 공공보건의료에 대한 지방정부의 책임을 강화하기 위해 시도 차원에 설치한 공공보건의료위원회는 공공보건의료에 관한 법률 제5조의 2에 근거한 조직으로 공공보건의료에 관한 중요사항을 심의하는 위원회이다.

공공보건의료위원회의 심의사항은 시도의 공공보건의료 시행계획 수립 및 변경에 관한 사항, 의료취약지 거점의료기관의 지정에 관한 사항, 지역 내 공공보건의료 협력 및 육성에 관한 사항, 지역 내 공공보건의료 시책 및 사업의 조정 등으로 그야말로 시도 차원에서는 가장 상위에 있는 공공보건의료 의사결정 위원회이다.

그러나 이 위원회의 한계는 의사결정까지는 가능하나 이를 구현하게 하는 자원과 권한이 별로 없다는 것이다. 지방정부의 낮은 재정자립도, 중앙집권 보건의료체계라는 한계 속에서 시도 공공보건의료위원회는 의사결정만 하는 무기력한 위원회가 될 우려가 있다.

지역의 공중보건 및 돌봄과 관련된 구체적 문제를 중앙집권 방식으로 해결하는 데는 한계가 있으며 이는 코로나19 상황에서 여실히 증명되었다. 지역의 구체적인 현장 및 생활터에서 발생하는 공중보건 및 돌봄 문제를 가장 잘 파악하고 이에 빠르게 대처하는 역량은 지역에서 구성되어야 한다. 이런 맥락에서 공중보건 영역에서의 재정분권, 행정분권, 자치분권을 구현할 필요가 있다.

그러나 무작정 중앙정부의 권한과 재원을 지방정부에 이양한다고 해서 모든 문제가 해결되지는 않는다. 분권의 부작용도 있는데 대표적인 것이 지방재정 격차 확대, 지역 간 불평등 증가이다.(최영, 2015) 이 경우 재정력이 약한 지방정부의 경우 공중보건 및 돌봄의 정책 우선순위가 낮아질 가능성을 배제하기 어렵다.

그러므로 분권의 중요한 원칙은 평등한 분권화이다. 분권을 하되 중앙정부는 지역 간 불평등을 모니터링하면서 권력과 자원들을 목적의식적으로 배분하는 과정을 통해 지역 간 불평등을 조정해야 한다. 그러므로 분권은 중앙정부의 권한과 책임을 지역으로 넘기면서 국가의 책무성을 저버리는 것이 아니라 분권의 장점을 강화하고 부작용을 감소시키는 목적의식적인 전략이어야 한다.

또 다른 분권의 중요한 원칙은 민주적 분권화이다. 민주적 분권화는 분권의 효과적 달성을 위한 본질적 가치이다. 권력 강화에 기반한 시민참여, 민주주의 심화, 지역의 민주주의 역량과 자원 없이 공중보건 및 돌봄 체계를 분권화할 경우 지방 권력의 정치적 판단에 따라서 지역의 관련 역량이 급격히 위축될 우려도 있다.

평등한 분권화와 민주적 분권화는 사람 중심 공중보건 및 돌봄 체계의 중요한 축이 되어야 한다.

참고 문헌

- 건강보험심사평가원, 국민건강보험공단, 『2022 건강보험통계연보』, 2023
- 권시정, 김보경, 김선, 김성이, 김새롬, 김슬기, 김영수, 김정우, 김지민, 김창엽, 문다슬, 박유경, 정백근, 정성식, 최강우, 최홍조, 황종남, 『포스트 코로나 시대, 사람 중심의 공중보건 체계 연구』, 시민건강연구소 연구보고서. 2023
- 권용진, 『301 네트워크 사업의 이해』, 국립중앙의료원 공공보건프로그램 교육 자료집, 2016
- 김경환, 「영국 통합돌봄 체제의 현황과 과제」, 『국제사회보장리뷰』, 8, 114-118, 2019
- 김근혜, 『보건복지 연계서비스 체계에 관한 연구: AHP 기법을 이용한 상대적 중요도 분석』, 동아대학교 대학원 박사학위 논문, 2015
- 김이배, 「읍면동 복지허브화의 특징과 쟁점」, 『비판사회정책』, 53, 326-276, 2016
- 김미, 민현정, 「한국 보건의료 시민단체의 역할과 성격에 관한 경험적 분석」, 『한국거버넌스학회보』, 11(2), 257-281, 2004
- 김창엽, 『건강의 공공성과 공공보건의료』, 한울, 2019
- 김창엽, 정백근, 임준, 손정인, 김선, 김새롬, 박유경, 정성식, 박지은, 『새로운 국립중앙의료원의 기능과 공공보건의료체계 강화 연구』, 국립중앙의료원 공공보건의료연구소, 2020
- 김희강, 「돌봄과 돌봄 없는 정치이론」, 『한국정치학회보』, 52(2), 203-224, 2018
- 대한예방의학회, 『예방의학과 공중보건학 I - 건강과 질병, 역학과 그 응용』, 제4판, 계축문화사, 2021
- 류기식, 손성동, 『일본 치매정책의 현황과 평가』, 보험연구원 연구보고서, 2023
- 맹광호, 「한국의 공중보건 1세기」, 『의사학』, 8(2), 127-137, 1999
- 박은옥, 「우리나라 가정방문간호의 현황과 향후 과제」, 『농촌의학 · 지역보건학회지』, 44(1), 28-38, 2019
- 보건복지부, 「제1차 공공보건의료 기본계획」, 2016
- 보건복지부, 「공공보건의료발전 종합대책」, 2018
- 보건복지부, 「제2차 공공보건의료 기본계획」, 2021
- 보건복지부, 「동절기 코로나19 추가 접종 실시 및 보건소 감염병 대응체계 강화」, 보건복지부 보도참고자료, 2022

- 보건복지부, 「2023 공공보건의료 협력체계 구축 사업안내」, 2023a
- 보건복지부, 「2023년 노인 의료 · 돌봄 통합지원 시범사업 안내」, 2023b
- 보건복지부, 「생명과 지역을 살리는 필수의료혁신 전략」, 2023c
- 보건복지부, 「제3기 병상수급 기본시책」, 2023d
- 보건복지부 커뮤니티케어 추진본부, 『지역사회 통합돌봄 자체추진 가이드북』, 2020
- 보건복지부, 한국건강증진개발원, 「주민건강센터 안내」, 2021
- 보건복지부, 한국건강증진개발원, 「2022년 건강생활지원센터 안내」, 2022a
- 보건복지부, 한국건강증진개발원, 「2022년도 농어촌의료서비스개선사업 안내」, 2022b
- 보건복지부, 한국건강증진개발원, 「2023년 지역사회 통합건강증진사업 안내 – 방문건강 관리」, 2023a
- 보건복지부, 한국보건사회연구원, 「OECD health statistics」, 2023
- 윤강재, 「포스트 팬데믹, 공공의료정책 방향과 공공의료기관의 역할」, 『공공경제』, 6, 23-25, 2021
- 윤강재, 송은솔, 고숙자, 김진희, 정형선, 배재용, 『미래 공중보건 위기 대응을 위한 지역보건체계 재구조화 방안 – 보건소를 중심으로-』, 한국보건사회연구원 연구보고서, 2022
- 윤태호, 정백근, 박웅섭, 김건엽, 김창훈, 홍남수, 허현희, 정진주, 『건강생활지원센터 사업 운영 매뉴얼』, 보건복지부, 한국건강증진개발원, 2019
- 윤태호, 정백근, 박웅섭, 김건엽, 정진주, 『지역주민이 참여하고 가꾸는 건강생활지원센터 사업운영 매뉴얼』, 보건복지부, 한국건강증진개발원, 2016
- 이건세, 「일본 지역포괄케어 시스템의 현황과 한국 지역통합돌봄 구축의 과제」, 『대한공공의학회지』, 3(1), 9-26, 2019
- 이상호, 이나경. 지방소멸위험 지역의 최근 현황과 특징. 지역산업과 고용. 7, 112-119, 2023
- 이태호, 이흥훈, 조정하, 곽미영, 김미영, 임도희, 이승진, 신한수, 이선화, 박혜인, 윤기쁨, 조경은, 박주원, 정백근, 조준영, 조희숙, 『도서, 산간 등 의료취약지 보건의료 서비스 개선 연구』, 보건복지부 정책연구보고서, 2020
- 임준, 「공공보건의료 개념의 재구성과 과제」, 『대한공공의학회지』, 1(1), 109-127, 2017
- 정백근, 박혜미, 이정례, 진보영, 이승근, 선영준, 『경상남도 방문건강관리사업 실태 및 개선방안 연구』, 경상남도 공공보건의료지원단 연구보고서, 2021
- 정백근, 김준희, 김건아, 김수정, 『경상남도 커뮤니티케어 및 사례연계 실태조사와 개선방안 연구』, 경상남도 공공보건의료지원단 연구보고서, 2021
- 정창영, 「서울시 찾동 추진의 의미와 과제」, 한국사회복지행정학회 춘계학술대회 및 워크

숍 자료집, 127-131, 2016

- 정형선, 신영우, 김준호, 박영택, 백세종, 최정아, 김정훈, 이준희, 이효연, 차예린, 최문정, 최용석, 『2020년 국민보건계정』, 보건복지부 용역사업 최종보고서, 2022
- 조희숙, 임준, 김태현, 나백주, 이건세, 이경수, 이선구, 이영훈, 윤태호, 조승연, 허윤정, 김윤, 김창훈, 박기수, 박재현, 박형근, 옥민수, 이희영, 정백근, 『지역별 의료 및 공공보건의료 거버넌스 구축 방안 연구』, 보건복지부 정책연구보고서, 2018
- 최영, 「재정분권과 사회복지서비스의 지역 간 불평등」, 『한국지역사회복지학』, 55, 31-59, 2015
- 통계청, 『2023 고령자 통계』, 2023
- 하지선, 김정현, 임정현, 김정연, 「보건의료복지 네트워크를 통한 통합적 지원에 관한 질적 연구 – 서울특별시 북부병원 301네트워크 사업 이용자 경험을 중심으로」, 『한국사회복지학』, 69(2), 143-169, 2017
- 행정안전부, 보건복지부, 『2023년 읍면동 찾아가는 보건복지 서비스 매뉴얼』, 2023
- 홍선미, 「지역기반 커뮤니티케어 어떻게 할 것인가?」 2019 (www.yicsw.or.kr에서 2024년 1월 4일 정보 검색)
- 황금용, 「찾아가는 동주민센터, 현황과 과제: 정책의 전국화에 따른 점검」, 『보건복지포럼』, 253, 21-41, 2017

- Adamiak, G., Karlberg, I., "The situation in Sweden. In A. van Raak, I Mur-Veeman, B Hardy, M Steenbergen, A Paulus(Ed.), Integrated Care in Europe. Description and Comparison of Integrated Care in Six EU Countries(pp.41-72). Maarssen: Elsevier Gezondheidszorg, 2003
- Ahgren, B., Axelsson, R., "A decade of integration and collaboration: the development of integrated health care in Sweden 2000–2010", International   Journal of Integrated Care, 11(9), 1-8, 2011
- Bihari Axelsson, S., Axelsson, R., "From territoriality to altruism in interprofessional collaboration and leadership", Journal of Interprofessional Care, 23(4), 320–330, 2009
- Dahlgren, G., Whitehead, M., "Policies and strategies to promote social equity in health", Institute for Futures Studies, 1991
- Exworthy, M., Powell, M.., Glasby, J.,"The governance of integrated health and social care in England since 2010: great expectations not met once again?" Health Policy, 121(11), 1124-1130, 2017

• Humphries, R., "Integrated health and social care in England—Progress and prospects", Health Policy, 119(7), 856-859, 2015

• Øvretveit, J., Hansson, J, Brommels, M., "An integrated health and social care organisation in Sweden: Creation and structure of a unique public health and social system", Health Policy, 97, 113–121, 2010

• Porta, M., A dictionalry of epidemiology, Oxford University Press, 2014

• Wihlman, U., Stålsby Lundborg, C., Holmström, I, Axelsson, R., "Organising ocational rehabilitation through interorganisational integration—a case study in Sweden", International Journal of Health Planning and Management, 26(3), e169-e185, 2010

• World Health Organization, A conceptual framework for action on the social determinants of health, WHO, 2010

• World Health Organization, UNICEF, "A vision for primary health care in the 21st century", Technical Series on Primary Health Care, 2018

한뼘문고 06

공중보건기관과 돌봄

초판 1쇄 펴낸날 2025년 3월 15일
지은이 정백근 기획처 돌봄과미래
펴낸이 이보라 펴낸곳 건강미디어협동조합
등록 2014년 3월 7일 제2014-23호 주소 서울시 중랑구 사가정로49길 53
전화 010-2442-7617 팩스 02-6974-1026 전자우편 healthmediacoop@gmail.com
값 9,000원 ISBN 979-11-87387-39-8 03330